Neundlinger · Die Kunst der Erschöpfung

HELMUT NEUNDLINGER

Die Kunst der Erschöpfung

Lesen und Schreiben mit Ernst Jandl & Co.

/ KLEVER / Essay /

Gedruckt mit freundlicher Unterstützung von:

Land Oberösterreich – Kultur
Kulturabteilung der Stadt Wien (MA 7)

ISBN 978-3-903110-33-5

Umschlaggrafik: k-lab Media Design GmbH
Coverbild: Eduard Mang, nach einem © Ernst Jandl-Porträt von Harry Ertl
Herstellung: Bookpress, Olsztyn

Inhalt

Jandliaden

Lektüren

Begegnungen

Für Erhan Altan, meinen Sprachspiel-Freund

„Das Schreiben ist notwendig, nicht die Literatur."
W. G. Sebald

„Zwischen den Zeilen lesen ist eine seichte Kunst,
zwischen den Wörtern, eine tiefgründige."
Jean Genet

Jandliaden

Wie verrückt?
Ernst Jandls Kunst der Erschöpfung

Schreiben ist eine im doppelten Sinne unbändige Tätigkeit. Das nicht zu Bändigende kommt darin ebenso zum Ausdruck wie das Aufzehrende, Aussaugende, schlussendlich immer Unbefriedigende. Rauschhafter Fluss der Selbstentäußerung, der ständig in die Selbstauslöschung kippen kann: Kaum ein Dichter hat die manisch-depressiven Amplituden des Schreibens so schonungslos aufs Papier gejagt wie Ernst Jandl.

„wie verrückt arbeiten alle an romanen und / wie verrückt an neuen theaterstücken und wie / verrückt an neuen gedichten": So beginnt Jandls Gedicht „wie verrückt" aus dem Jahr 1983. Dieses Hohelied des produktiven Wahnsinns verweist in der radikalen Sprache der Poesie auf die Bedingungen, Notwendigkeiten und Bedürfnisse der künstlerischen Produktion und erscheint wie ein utopisches Menetekel der sogenannten *creative industry*. Dabei wischt das Gedicht den Verwertungszusammenhang mit einer Geste künstlerischer Freiheit beiseite: „und die maler malen wie verrückt an ihren neuen bildern und / die bildhauer hämmern wie verrückt auf ihren stein". Jandls wild drauflos werkelnde Künstler scheinen sich einen feuchten Dreck darum zu scheren, ob ihr Tun in irgendeiner Form existenzsichernd sein könnte. Hier ist eine Produktivität am Werk, die weit über irgendwelche Wertschöpfungsprozesse hinausreicht und sich vom Geniekult längst verabschiedet hat. Anstelle von hochsensiblen Ästheten, die tagelang auf die göttliche Inspiration warten, begegnen uns anarchische Kunstarbeiter, deren Virtuosität vor allem in der Intensität ihres Tuns liegt. Das wiederkehrende „wie verrückt" suggeriert eine

zugleich heitere und bedrohliche, in jedem Falle hemmungs-
lose Aktivität. Jandl lenkt die Aufmerksamkeit auf den Akt des
Schöpfens, dem die darauf folgende Erschöpfung schon eingeschrieben ist. „und die komponisten tragen wie verrückt ihre
häßlichen noten ein / und die musiker tag und nacht blasen
wie verrückt in ihr saxophon / ihre trompete ihre posaune klarinette flöte oboe fagott": Damit endet das Gedicht, ohne dass
die schöpferische Verausgabung jemals zu einem Abschluss gelangen könnte.

Der Hinweis „tag und nacht" legt nahe, dass den wilden
Kunstarbeitern keine Zeit für irgendeine Form der Selbstorganisation oder -vermarktung bleibt. In diesem Punkt erscheint
Jandls Gedicht gleichzeitig blind und hellsichtig: Erfahrungs-
gemäß sind heutzutage künstlerisch tätige Menschen zu einem
Gutteil mit den Agenden der Verwaltung und Bewirtschaftung
ihrer Erzeugnisse befasst, falls sie nicht ohnehin mit kunstfer-
nen Arbeiten ihr Auskommen sichern müssen. Andererseits ist
aber gerade dieser Sachverhalt in den Selbstdarstellungen von
Kunstschaffenden einer Art von Abspaltung unterworfen: Er
bildet den verdrängten Subtext im Fluss des reinen Wirkens –
wohl auch deshalb, weil in dessen Preisgabe das Eingeständnis
eines vermeintlichen Scheiterns oder eines Defizits liegen würde: „Ich kann von dem, was ich schaffe, nicht leben." Ernst
Jandl wagte lange nicht, seinen Brotberuf als Gymnasialprofessor an den Nagel zu hängen. In grundsätzlicheren Argumen-
tationen formulierte er diese Abhängigkeit vom Brotberuf in
eine Freiheit um: Anders als professionelle Schriftsteller, die
vom Schreiben zu leben genötigt seien, bleibe ihm dadurch der
Spielraum für kommerziell vollkommen unverwertbare literarische Produktionen, schreibt er in einem Aufsatz zur *Problema-
tik des freien Schriftstellers* im Jahr 1974.

In seinen Überlegungen zur sozialen Lage der Künstlerinnen und Künstler formulierte er die Idee einer gewerkschaft-
lichen Selbstorganisation, nicht zuletzt im Anschluss an die
Gründung der Grazer Autoren Versammlung im Jahr 1973.
Bereits einige Jahre zuvor waren in Österreich Initiativen mit

Namen wie „Arbeitskreis österreichischer Literaturproduzenten" entstanden, welche die soziale Lage der Kunstschaffenden aktiv zu thematisieren begannen. Auf dem Feld der Kunst begann sich über die Reflexion der Selbsterfahrung ein Bewusstsein für die ambivalente Situation abzuzeichnen, in die man allmählich zu schlittern drohte: ausgestattet mit der Freiheit der Selbstständigkeit, jedoch ebenso mit den Risiken derselben, mit den Gefahren der gesellschaftlichen und ökonomischen Isolierung.

Man kann sich die Frage stellen, ob Jandls Gedicht in seiner Tendenz eher zur fröhlichen Utopie eines kollektiven künstlerischen Aktionismus neigt oder aber zur ironischen Distanzierung von solch selbstgefährdender Hyperaktivität. Jedenfalls erzählt es von einer doppelten Grenzwertigkeit und trifft damit die Situation künstlerischer Produktivität ins Mark: Deren Verrücktheit liegt eben nicht bloß in der wunderbaren Anmaßung dessen, was man Autopoiesis nennt. Denn die schöpferische Autonomie ist ständig vom Risiko des Abstürzens bedroht: durch kreativen Stillstand ebenso wie durch psychische und/oder körperliche Erschöpfung. Künstlerisches Schaffen ist Berufsrisiko an und für sich. Die Fähigkeit der Selbsterschaffung bedingt auch die Gefahr der Selbstvernichtung.

Der/die auf freiwillige Selbstausbeutung setzende Künstler/Künstlerin ist nicht zuletzt deshalb zum *role model* einer Ökonomie der Innovation geworden. Nicht zufällig verwendet Ernst Jandl in seinem Gedicht nur ein einziges Adjektiv zur Beschreibung der Qualität für ausnahmslos alle künstlerischen Prozesse: „neu" sind sie, die Romane, Bilder, Plastiken und Kompositionen. Nicht mehr und nicht weniger. Wie es zu diesen Neuigkeiten kommt, bleibt das Produktionsgeheimnis der Kunst – und zugleich ihr hochriskanter Spieleinsatz. Denn was ist das „Neue" wert, wenn keine und keiner danach gefragt hat? Wenn es kein Bedürfnis deckt, keinen Wunsch erfüllt – außer dem fundamentalen Ausdrucksbedürfnis dessen, der schafft? Wenn es, wie der italienische Philosoph Paolo Virno es in seinem Werk *Grammatik der Multitude* formuliert hat, eine

Tätigkeit in Gang setzt, die „ohne Werk" im Sinne eines gegenständlichen, anschaulichen Produkts bleibt?

Genau in diesem Punkt aber scheint sich die Autonomie der Kunstproduktion jener Ökonomie der wissensbasierten Gesellschaft anzunähern, welche sich angeschickt hat, die traditionelle Ökonomie der Massengüterproduktion abzulösen. In einer „Ökonomie des Überflusses verkümmern die Bedürfnisse, wenn sie nicht in Wünsche verwandelt werden. Die Notwendigkeiten büßen ihre Dringlichkeit ein." So formuliert es der italienische Wirtschaftstheoretiker Enzo Rullani in einem Vortrag über die *Wertschöpfung durch Wissen*. Mit diesem Gedanken lässt sich eine Brücke zwischen Ernst Jandls räudiger Kunstfabrik und der Frage der ökonomischen Stabilisierung der Produktionsverhältnisse schlagen: Was Jandl in seinem Gedicht beinahe in Form einer psychedelischen Vision schildert, kommt der hitzigen Dynamik des zeitgenössischen Netzwerkkapitalismus gespenstisch nahe. Künstler existieren nur noch im Plural, und überhaupt: Was heißt hier Künstler? Fast könnte man es überlesen, dass das künstlerische Subjekt nicht mehr und nicht weniger als „alle" umfasst. Und „alle", das sind nicht bloß die Kunstschaffenden in ihrem Anspruch auf Neuheit, sondern auch die Konsumierenden, die ihren eigenen, nicht quantifizierbaren Nutzen aus diesen Neuheiten ziehen. Sie konsumieren nicht bloß, sondern produzieren jene „Wünsche", von denen Enzo Rullani spricht. Das können so elementare Wünsche wie jener nach gesellschaftlicher Veränderung, sozialer Gerechtigkeit oder alternativen Lebensentwürfen sein.

Nichts von alledem stellt künstlerische Produktivität per se als Ware bereit – aber wer könnte sich der verführerischen Atmosphäre des Gedichts „wie verrückt" so einfach entziehen? Von dem Gedicht geht ein gefährlicher Charme aus: Wehe, wenn du dich auf dieses wilde Treiben einlässt – dann ist es um dich geschehen! Dann lässt dich alles liegen und stehen, was dich bislang zusammengehalten hat.

Schmäh, Witz, Humor und tiefere Bedeutung
Ernst Jandl, Gerhard Rühm und die Komik
der experimentellen Dichtung

wo bleibb da
hummoooa
wo bleibb da
hummmooooooa
wo bleibb darr
hummmmmmooooooooooa
darr kööönich vonn
hummmmmmmmmooooooooooooooooooooooooooooooooa
rrr

Ernst Jandls Gedicht „wo bleibb da / hummoooa" aus dem
Jahr 1957 ist auf den ersten Blick fast unlustig, ja grimmig.
Geradezu penetrant humorlos insistierend, fordert hier eine
Stimme das sofortige Erscheinen des Humors. Abgehackt, ze-
ternd, knatternd, in quasi preußischem Kommandoton, ge-
paart mit aggressiver Verzweiflung, ruft die Stimme in eine Art
Black Box hinein, aus der das Echo der eigenen Humorlosig-
keit widerhallt. Jandl selbst hat das Gedicht bei Lesungen im
schneidigen Stakkato interpretiert und damit die in der Partitur dieses Textes angelegte Bedrohlichkeit auf die Spitze ge-
trieben. Im Grunde erfüllt dieses Gedicht die Definition von
Ironie in der klassischen Rhetorik: Ursprünglich bedeutet das
Wort „Täuschung, Verstellung", die rhetorische Figur wird als
„Darstellung eines Sachverhalts durch sein Gegenteil" be-
schrieben. Ironie schafft Distanz, zu sich selbst und den eigenen Affekten zunächst, aber auch zur Welt, zu den Anderen.
Distanz wiederum bedeutet Freiraum und verschafft die Möglichkeit, sich selbst oder die Welt als etwas Veränderbares zu
erfahren und zu begreifen. Humor lässt sich weder herbeirufen
noch befehligen. Eine seiner wesentlichen Eigenschaften be-

steht darin, verhältnismäßig frei und unvermutet aufzutauchen, sei es zwischen den Zeilen, sei es als Conclusio eines Textes, sei es nonverbal. Dem Humor (griech.: Saft) eignet auch etymologisch etwas Fließendes, das starre Verhältnisse aufbricht und sie in einen Zustand des Werdens, der Form- und Gestaltbarkeit versetzt. Er entzieht sich zudem der Hierarchisierung, und deswegen erscheint die Frage nach dem „König" des Humors erst recht unpassend oder absurd.

Der Ton des Gedichtes „wo bleibb da / hummoooa" liefert sich in seinem peitschenden Geheul selbst ans Messer der Lächerlichkeit. Jandl erweitert nicht nur in diesem Gedicht, sondern auch in vielen weiteren Arbeiten der späten 1950er Jahre die radikalen Verfahren der experimentellen Poesie auf eine Art und Weise, die sich mit dem forschenden Ernst progressiver Ästhetik nicht recht zu vertragen schien. Oft ist ihm diesbezüglich das Etikett des Avantgarde-Humoristen umgehängt worden, weil man nicht wenigen seiner Gedichte aufgrund ihrer Spannung zwischen Titel und Text eine Art von pointiertem Inhalt unterstellte. Der im Jahr 1966 erschienene *Laut und Luise*-Band etwa, der überwiegend Arbeiten aus den 1950ern versammelt, ist in insgesamt 13 Kapitel mit teils sehr sprechenden Überschriften unterteilt: „volkes stimme", „krieg und so" oder „autors stimme" geben bereits klare Richtungen vor, die in den einzelnen Gedichten präzise ausgeführt werden. Auch wenn die Konzeption des Bandes von Jandl *a posteriori* entwickelt wurde, manifestiert sich in der Neigung zur Gruppierung bzw. zur Interpolation zwischen Titel und Text die Strategie einer Wiedereinführung der Wirklichkeit in die formalen Experimente der Konkreten Poesie. Jandl hatte spätestens mit Arbeiten wie „schtzngrmm", „falamaleikum" oder der legendären „ode auf N" (entstanden 1957 bzw. 1958) eine Form gefunden, traumatischen Erfahrungen von Krieg, Gewalt und Tod paradoxerweise mit den Mitteln eines beinahe kindlichen Humors einen Ausdruck zu verleihen, der den Schrecken und die Sprachlosigkeit zumindest ein Gedicht lang in Lachen auflöste, ohne das darin Ausgesprochene zu verharmlosen. Dem Dichter gelingt dies in den angesprochenen Gedichten zunächst über eine Verschiebung der Aufmerksamkeit auf die klangliche Ebene der Sprache, die er teils radikal bearbeitet und verfremdet, in „schtzngrmm" etwa durch die vollständige Aussparung der Vokale und die Kontraktion der Konsonantenfolge „grbn" zu „grmm", womit ihm das Ausgangsmaterial für eine Reihe von Mutationen zur Verfügung steht, die erst in der Laut-Performance vollständig zum Sprechen gebracht werden. Zum Sprechen bzw. zur Sprache kommen heißt in diesem Fall: mit einer Bedeutung erfüllt werden, die aus der Differenz zwischen dem scheinbar kindlich-brachialen Konsonantenfeuerwerk und der damit assoziierten akustischen Wirklichkeit des Schützengrabens entsteht. Die Sprache wird gleichsam von der Berichterstattungspflicht befreit, um dadurch zu neuen Möglichkeiten der Darstellung von vermeintlich unaussprechlichen Sachverhalten und Zusammenhängen zu gelangen. Aus der spielerischen Dekonstruktion der Orthographie resultiert eine visuell-akustische Komposition mit einem semantischen Mehrwert, der sich weder in einen eindeutigen Inhalt rückübersetzen noch als rein formale Spielerei abtun lässt. Insofern entzieht sich auch die Komponente des Humors bzw. des Witzes von „schtzngrmm" jeder eindeutigen Bestimmung. Natürlich könnte man angesichts der abschließenden Zeile „t-tt" von einer tödlichen Pointe sprechen, welche die reale Erfahrung des Schützengrabens ins Lächerliche zieht; auch die zwischen Harmlosigkeit und Zynismus schwankende Schlussfrage „oderfehlteiner?" im Gedicht „falamaleikum" hat Pointencharakter, in diesem Fall wiederum einen ironischen. Denn die „Gefallenen" eines Krieges kehren allenfalls in Särgen in ihre Heimat zurück. Jandl spannt den Bogen des Gedichts von einer scheinbar harmlosen Buchstabenvariation, die zunächst an einen Sprachfehler erinnert, über äußerst ökonomische Permutationen in nur vier Zeilen zur Tragödie und in weiteren drei Zeilen zur vermeintlichen Wiedergutmachung, die sich bei genauer Betrachtung als monströse Verdrängung ausnimmt.

An meinem wortreichen, um nicht zu sagen: umständlichen Interpretationsversuch wird wohl deutlich, worin die spezifischen Stärken und Merkmale von Jandls poetischem Humor liegen: vor allem in der radikalen Zeichenverdichtung, aus der die pointierte Wirkung dieser kleinen, aber in ihrem semantischen Speichervermögen umso gewichtigeren Texte hervorgeht. Als weiteres Beispiel für diese provokante Ökonomie der Konkreten Poesie lässt sich etwa das Gedicht „markierung einer wende" anführen: Auch darin findet sich die Konstellation eines (in diesem Fall allerdings unter dem Gedicht in Klammer angeführten) diskursiven Titels, der das Gedicht gleichsam kommentiert bzw. inhaltlich zusammenfasst. Der Text selbst besteht aus den Jahreszahlen 1944 / 1945 unter denen sich zwei Kolonnen mit dem Wort „krieg" finden; unter 1944 12-mal, unter 1945 viermal, gefolgt vom Wort „mai". Auch hier das Prinzip der höchstmöglichen Verdichtung in Form einer semantischen Oppositionsbildung zwischen zwei Wörtern.

Die episch-poetische Essenz der pointierten Aufarbeitung von Krieg und Nazizeit bildet Ernst Jandls „deutsches gedicht" (1957). Experimentelle Passagen mit der Tendenz zur absoluten Reduktion wechseln einander ab mit autobiographisch basierten Szenen, unter anderem jener, die auch den Ausgangspunkt für Jandls berühmtes Gedicht „wien : heldenplatz" bildet. Jandl radikalisiert hier den Duktus der Enttabuisierung, indem er einerseits seine eigene kindliche Überwältigung durch die NS-Propaganda zur Darstellung bringt und andererseits deren Sprache einem Prozess der schonungslosen Dekonstruktion aussetzt. In gewisser Weise wirft Jandl im „deutschen gedicht" Theodor W. Adornos Diktum, dass es nach Auschwitz unmöglich sei, Gedichte zu schreiben, ebenso über den Haufen wie Paul Celan mit der „Todesfuge", allerdings gleichsam von der anderen, der gegenüberliegenden Seite. Während Celan in seinem Gedicht einen hohen, lyrisch-elegischen Ton anschlägt, entwirft Jandl verstörend perverse Bilder, die zunächst erstaunlich nahe an Celan zu liegen scheinen, in der Folge jedoch eine gänzlich andere poetische Richtung einschlagen. „ich presse meinen kopf / an deinen schenkel asche", heißt es da etwa, „ich sammle deine träne asche / in meinem mund // kleine / jüdin / trockene". Hier macht sich ein Autor im wahrsten Sinn des Wortes schmutzig und reizt die Grenzen des Sagbaren auf eine Weise aus, die in höchstem Maß verunsichert. Es bleibt der Eindruck einer unheimlichen Schonungslosigkeit, einer poetischen Offenheit, die sich durch viele von Jandls Arbeiten zieht. Hier probiert einer aus, wie weit er seinen Spaß in und mit der Sprache zu treiben imstande ist, auch und gerade in den Tabuzonen eines restaurativen Gesellschaftsklimas. Jandl spart weder den Selbstmord aus, dem er im Gedicht „erfolg beim dritten versuch" auf makaber-komische Weise zur Sprache verhilft, noch die Sexualität. Den diesbezüglichen Beispielen in Konkreter Poesie haftet eine verhältnismäßig unbedarfte Fixierung auf die rücksichtslose männliche Penetration an, so etwa in den Gedichten „a love story, dringend" und „schmerz durch reibung". Dem nicht bloß symbolisch, sondern tatsächlich kollabierenden Phallus wird Jandl erst viel später in „älterndes paar (oratorium)" einen unwiderruflichen Nachruf widmen. In diesem Text inszeniert Jandl einen bemerkenswerten Seitenwechsel, indem er das Drama fortschreitender männlicher Impotenz aus der Perspektive weiblicher Unbefriedigtheit darstellt. Auch hier die konsequente poetische Arbeit der Enttabuisierung, die jedoch auf vollkommen andere Art und Weise wirksam wird als plumpe Provokation: Die Konstellation des Gedichtes strahlt einen so starken Ambivalenzcharakter aus, dass weder eine eindeutige Identifikation oder Affirmation noch eine simple Ablehnung möglich ist. So „lustig" das Gedicht zunächst daherkommt, so abgründig und in ähnlichem Ausmaß verstörend wie die vorhin zitierte Passage aus „deutsches gedicht" entwickelt es sich schließlich.

Der Ambivalenzcharakter des Humors

Ernst Jandl vollzieht die wütend-lustvolle Arbeit der Dekonstruktion mit den literarischen Verfahren der Verfremdung, der Verunheimlichung, manchmal auch der Verstellung (Stichwort: Ironie). Der Humor wird im eingangs zitierten Gedicht nicht einfach prosaisch herbeizitiert, sondern in Form einer Intensitätssteigerung angerufen, die in der sich von Mal zu Mal ausdehnenden Schreibweise des Wortes Humor eine Art Partitur des anschwellenden Affekts entwickelt. Der humoristische Effekt, den das Gedicht am Ende doch noch erzielt, entsteht nicht über eine nachvollziehbare Pointe, sondern über die graphische Komik bzw. Irritation des Schriftbildes.

Neben der ironischen Wendung in Bezug auf den Humor als Begriff verweist vor allem die unheimliche Energie des Insistierens, die Jandl mit der überbordenden letzten Zeile auf die Spitze treibt, auf die fundamentale Ambivalenz, die dem Humor innewohnt. Denn dieser hat sowohl menschenfreundliche als auch menschenverachtende Ausprägungen: Er kann ebensogut patriarchale Verhältnisse lächerlich machen wie sich brutal sexistisch äußern. Humor kann aufklärerisch wirken, allerdings genauso verhetzend, minderheitenfeindlich, rassistisch. Mit Witzen wird Identitätspolitik betrieben, was vor allem rechtsgerichtete Politiker oder Extremisten regelmäßig versuchen. Das Lächerlichmachen von anderen, alternativen Identitätskonzepten folgt einer Logik der Exklusion: Zwei oder mehrere „Gleiche" verständigen sich über ihre Gemeinsamkeit, indem sie sich über einen Dritten lustig machen. Die im Dritten Reich kursierenden Judenwitze fungierten als folkloristisches Element der Diskriminierung und hielten sich in der Nachkriegszeit noch lange Jahre als Subkultur der Verständigung unter jenen, die dem sogenannten „Völkischen" nie wirklich abgeschworen hatten.

Im Band *Laut und Luise*, in dem das „humoaa"-Gedicht erschienen ist, finden sich weitere Arbeiten, die mit dem menschenverachtenden Humor der Nazis auf eine Weise abrechnen, die beides ist: witzig und ernst, befreiend und beklemmend, die Schrecken wiederholend und abschüttelnd. Jandls diesbezüglich berühmtestes Gedicht ist zweifellos „wien : heldenplatz", in dem er den sprachlichen Duktus des Nationalsozialismus dadaistisch überhöht und auf diese Weise zur Implosion bringt. Die Wendung in die Farce mittels der spielerischen Entstellung des Nazisprechs entlarvt dessen unheilvolle Wirkungen auf die Massen in einem Ausmaß, dass er tatsächlich unbenutzbar wird. In diesem Ansatz tut sich eine bemerkenswerte Parallele zu jener Szene im Film *The Great Dictator* von Charlie Chaplin auf, in der der Diktator eine Rede in einem wahnwitzigen Pseudodeutsch hält und auch habituell vollends in Haltlos-Lächerliche gleitet. Gemessen an dieser Verwandtschaft im künstlerischen Ansatz, ist Jandl weniger ein Humorist als vielmehr ein Komiker der Sprache, der eine Art von poetischem Slapstickstil entwickelt, um die Verhältnisse mit der gewaltlosen, aber nichtsdestoweniger wirksamen Waffe des Humors aus den Angeln zu heben.

Ernst Jandl hat mehrmals darauf hingewiesen, dass seine Arbeit nicht zu verstehen ist ohne den Bezug auf eine nichtpoetische Sprache, eine Alltagssprache, die er mit den Mitteln der avancierten Poesie stilisiert, allerdings nicht überhöht, sondern durch spielerische Mutationen in vollkommen andere, neue Schwingungen versetzt. Der vielbemühte „Schmäh" entsteht dabei von selbst. Zwei der diesbezüglich bekanntesten Gedichte: „zweierlei handzeichen" bzw. „lichtung", in denen Jandl mit jeweils minimalem Einsatz der Mittel höchst komische und weitreichende Wirkungen erzeugt. In beiden Fällen besteht die Keimzelle aus einer scheinbar einfachen linguistischen Oppositionsbildung: „bekreuzigen/bezwetschkigen" als Wort- bzw. „l/r" als Buchstabenpärchen. Mit diesen Wort- bzw. Laut-Verschiebungen bringt Jandl schließlich deutlich mehr ins Wanken als die Semantik. Ob Diktatur, Religionsgemeinschaft oder politische Parteien: In allen Fällen sind es auf Uniformität und Unterwerfung bauende Systeme, die Jandl mit seinen mehr oder weniger subtilen linguistischen Provokationen dem Lachen preisgibt. Gut möglich, dass diese Gedichte zum Zeitpunkt ihres Entstehens in den späten 1950ern bei potenziellen Leserinnen und Lesern Verstörung, Befremden oder gar Wut ausgelöst haben. Das beunruhigend Komische an diesen Gedichten liegt auch darin, dass es sich nicht um frontale Provokationen handelt, sondern um spielerische Setzungen, die einerseits mit apodiktischem Brustton daherkommen (auch diesbezüglich lässt die Jandl'sche Leseinterpretation keinen Zweifel), andererseits jedoch mitnichten auf den plumpen Tatbestand der Blasphemie oder der politischen Agitation zu reduzieren sind. Dieser *double bind* zwischen Ernst und Spaß scheint ihnen eine besondere Kraft zu verleihen. Der Witz dieser Texte ist nicht festzumachen. Obwohl er jeder eindeutigen Aussage fern steht, ist er in seiner Methode der parodistischen Zuspitzung, Karikierung und Überhöhung gnadenlos genau.

Wiederum ist man verleitet, an die Stummfilmkomiker zu denken, neben Charlie Chaplin besonders an Buster Keaton und Jacques Tati. Diese hebelten die Mechanismen des widerstandslosen Funktionierens in der schrecklich-schönen Neuen Welt mittels einer performativen Zuspitzung, einer auf ihre eigene Unmöglichkeit zusteuernden Bejahung ebendieser zivilisatorischen Gleichschaltungen aus. Ähnliches betreibt auch Jandl in seinem poetischen Schaffen, und er wird diese Spur des Komischen bis zum Schluss konsequent verfolgen: sei es in der so genannten „heruntergekommenen Sprache", einem poetischen Feuerwerk der artistischen *manic depression*, sei es in der obsessiven Beschäftigung mit dem eigenen körperlichen Verfall in der späten Lyrik oder in der Rabelais'schen Vulgarität der *stanzen* im Wiener Dialekt.

Humor berührt bei Jandl zunächst die Ebene der Sinne: Vor allem in seinen der Konkreten Poesie zugerechneten Arbeiten tauchen sowohl akustische als auch visuelle Aspekte des Komischen auf, die einer eingehenderen Untersuchung wert wären. Besonders bemerkenswert ist die zuweilen fast kindlich anmutende Methode des Bastelns und Spielens mit den Buchstaben, Lauten und Symoblen, die in den so genannten Konstellationen, den visuellen Gedichten, den Lautgedichten und Montagen zu vollkommen neuen und in diesem Sinne auch erneuernden Gebilden zusammengesetzt werden. Der von diesen Texten ausgehende Humor ist eng mit der Lust am Wort-, Sprach- oder Silbenspiel, mit der Neugier und Freude am Entdecken neuer Möglichkeiten verbunden. Komplementär zu dieser künstlerischen Unvoreingenommenheit, die bei Jandl und anderen Vertretern der experimentellen Literatur zumindest für kurze Zeit eine Aufbruchsstimmung erzeugte, ist die Neigung zum Transdisziplinären, zum Überschreiten und Verknüpfen der unterschiedlichen künstlerischen Ausdrucksformen. Zwischen Literatur, Bildender Kunst, Musik, Film und Performance ergeben sich erstaunliche Tauschverhältnisse und Fusionen, die ebenso aus einem starken Bedürfnis nach Befreiung und Erweiterung erwachsen. In diesem Punkt nimmt die literarische Nachkriegsavantgarde Impulse aus den Strömungen der künstlerischen Moderne des frühen 20. Jahrhunderts wieder auf, die sowohl intensive transdisziplinäre Kooperationen als auch die dekonstruktive Kraft des Humors zelebrierten.

Am Abgrund: Gerhard Rühms Kunst des Makabren

Die Produktivität der radikalen Dichter und Dichterinnen im Nachkriegswien muss man sich als laborartige Mischung aus tabula rasa und aktiver Auseinandersetzung mit den verschütteten Traditionen der Moderne vorstellen. „die bruchstückhaften informationen über expressionismus, dadaismus, surrealismus, konstruktivismus wurden gierig aufgenommen, herumgereicht, mühsam zu einem bild zusammengefügt; es hatte fast etwas sektiererisches an sich", schreibt Gerhard Rühm (S. 7). Zur samsidatähnlichen Weitergabe der kostbaren Quellen trat ein wachsendes Selbstbewusstsein im Beschreiten eigenständiger Wege sowie eine Stärkung der Resilienzkräfte mittels Gruppenbildung und konsequentem Austausch über die jeweiligen ästhetischen Ansätze. In diesem Spagat zwischen intensiven Zusammenschlüssen und dem Abgrenzungsbedürfnis gegenüber einem weitgehend misstrauischen bis ablehnenden Außen spielte der Humor als künstlerisch-politisches Ventil eine wesentliche Rolle. Anders als in den 1960ern drückten sich Dissens und Devianz über weitgehend singuläres Aufflackern eines provokanten, oft dandyhaften Andersseins aus. Gerhard Rühm etwa zelebrierte in Auseinandersetzung mit seiner bildungsbürgerlichen Sozialisation den mit allen Wassern der Hochkultur gewaschenen Bürgerschreck, der im Gewand des klassisch ausgebildeten Pianisten Chansons mit rabenschwarzen Texten zum Besten gab. Zusammen mit H. C. Artmann und Friedrich Achleitner stellte er die heimelige Seligkeit des Dialekts auf den Kopf und dichtete Lieder und Poeme, von denen die meisten weit jenseits des guten Geschmacks angesiedelt waren. Der Humor hat in diesen Texten einen transgressiven Charakter, indem er die Überschreitung gesellschaftlicher oder moralischer Tabus leistet. Selten trifft man darin auf eine Pointe im engeren Sinn, deutlich öfter auf Konstellationen bzw. Bilder oder Szenen, die im Repertoire (klein)bürgerlicher Angst- und Zwangsvorstellungen wildern. Kinderschänder, Nekrophile und Frauenmörder treten ebenso auf wie tödlich Kranke oder Selbstmörder, die von ihren Todesarten berichten. Der Witz entsteht dabei immer aus einer scheinbaren Identifikation mit diesen Figuren moralischer Unmöglichkeit, die entweder im Kostüm des klassischen Konzertliedes bzw. Chansons oder im Gewand des Wienerliedes oder Dialektgedichtes daherkommen.

Gerhard Rühm lässt in seinen Gedichten bestimmte Formen des Habitus sprechen, ohne dabei in die Falle des kabarettistischen Collagierens von Klischees, Redewendungen und Gemeinplätzen zu geraten. Das Lied vom Obdachlosen etwa, der aus seinem haltlosen Umherschweifen „von an misdkibe zun aundan" eine Wandermoritat macht, sprengt das Klischee vom armen, hilfsbedürftigen, lebensunfähigen Verlierer in die Luft, indem es aus dem nackten Überlebensdrang ein Bekenntnis macht: „i bin fias reisn / i bin fias waundan" heißt es in Abwandlung des vor allem im 18. Jahrhundert beliebten Topos der Bildungsreise, die sich in diesem Fall jedoch auf den Abfall der Großstadt beschränkt. Immer wieder sind es solche subtilen Wendungen in den Figuren, die ihnen einerseits Originalität verleihen, andererseits aber jeder falschen oder heuchlerischen Empathie sofort den Boden entziehen. Vor allem im Zyklus „söbsdmeadakraunz", aber auch in den Chansons, die er teilweise gemeinsam mit Konrad Bayer für die „literarischen cabarets" verfasste, treibt Rühm dieses unsentimentale Bestiarium auf die Spitze. Dem von diesen Texten ausstrahlenden Humor eignet etwas Kühles, zuweilen Kaltes und schließt an bestimmte Traditionen des Dadaismus und Surrealismus an, erhält im Setting des Nachkriegswien jedoch etwas Gespenstisches. Gut vorstellbar, dass der legendäre Schauspieler Peter Lorre (*M – Eine Stadt sucht einen Mörder*) mit seinem blassen, teigigen Gesicht der ideale Darsteller jener schrägen Vögel gewesen wäre, die wie verletzte, verwirrte, deterritorialisierte Untote durch den makabren Kosmos der Rühm-Chansons geistern: jener etwa, der nachdrücklich darauf hinweist, nur eine der beiden kalten Hände der toten Luise halten zu wollen; oder jener andere, der seine Liebste umbringt, weil sie ihn ausgelacht hat, und ihr ein lapidares Liedchen nachsingt; oder aber jener Dienstmädchenmörder, der glaubhaft versichert, dass einzig der „regnerische abend" ihn zu seiner Tat angestiftet hat. Dass diese Texte überhaupt eine Art von „personaler" Assoziation erzeugen, liegt wie bereits angedeutet am Habitus der direkten Rede bzw. Ansprache, in denen die Chansons abgefasst sind. Dieser theatralisch-dramatische Charakter macht die Figuren vorstellbar und unmöglich zugleich, weil die Art ihrer Rede wiederum so stilisiert, verknappt, rhythmisiert und verfremdet ist, dass an ihrer Künstlichkeit kein Zweifel bestehen kann.

Aus dieser Beobachtung ergibt sich ein bemerkenswerter Kontrast zu den Arbeiten Ernst Jandls: Während dieser inhaltlich jedoch recht deutlich auf Krieg und Nazizeit Bezug nimmt, sind in Rühms Texten die Gewalt und der Tod ausschließlich als scheinbar ahistorische, kontingente Ereignisse bzw. Figuren präsent. Psychoanalytisch oder sozialpsychologisch ließe sich diese Fixierung auf das Abgründige als unbewusste Verarbeitungsstrategie deuten. Gerade die multiple Maskerade der Gewalt verweist indirekt auf das gesellschaftliche Unvermögen oder vielmehr den Unwillen zur Auseinandersetzung mit den traumatischen Erfahrungen. Dennoch wäre es zu einfach, in Jandl bloß den verschmitzten Moralisten und in Rühm einzig den provokanten Zyniker zu sehen. Jandls Sprachwitz wirkt auch jenseits des Deutschen, was nicht zuletzt Übersetzungen oder vielmehr Nachdichtungen seiner Gedichte im Englischen, Spanischen oder Italienischen nahelegen. Nicht zuletzt sein legendärer Liveauftritt in der Londoner Royal Albert Hall im Jahr 1956 hat die „ode auf n" in die Universalgeschichte des Dadaismus eingeschrieben. Und Gerhard Rühms Chansons wiederum durchzieht eine poetische Absurdität, die auch an entfernten Orten und Zeiten auftauchen und wenn schon nicht verstanden, so doch geschätzt werden könnte.

Auch wenn Gerhard Rühm die Positionen der Wiener Gruppe und der befreundeten Künstlergruppen wie etwa der „hundsgruppe" mit Begriffen wie „links", „progressiv" oder „radikal" umschreibt (S. 8), weisen wesentliche Züge der Wiener Avantgarde Ähnlichkeiten mit jener Haltung auf, die in Bezug auf die osteuropäischen Dissidenten der 1970er und 1980er Jahre als „Antipolitik" bezeichnet wird. Während diese Gruppierungen ihre fundamentale Distanz zum System als eine Art moralische Autonomie zu denken und zu leben versuchten, wurden Ansätze zu Revolte und Rebellion von der Wiener Gruppe primär unter dem Aspekt einer ästhetischen Umerziehung gesehen. Ein Beispiel dafür findet sich in Gerhard Rühms Vorwort in Bezug auf die öffentliche Debatte um die sogenannten „Halbstarken". „wegen verschiedener vorfälle hatten die spiesser wieder einmal schiss bekommen. wir sahen das ‚problem' auf unsere weise, wir begrüssten das rebellische verhalten; man müsste dem nur eine richtung geben, natürlich die unsere. wiener hatte mancherlei kontakte zu diesen kreisen, auch bayer. es stellte sich heraus, dass sich die halbstarken überraschend für moderne kunst begeistern liessen. ihr jazzenthusiasmus war ein guter anknüpfungspunkt, er machte sie empfänglich für alles unkonventionelle, ‚moderne'. sie begannen auf anraten konzerte mit moderner musik (zb. webern) zu besuchen, anarchistische literatur zu verschlingen. verfremdete oder erfundene vokabeln, die ihnen wiener und bayer (als en vogue) zuspielten, wurden sofort in ihren jargon aufgenommen – zu unserem nicht geringen vergnügen." (S. 16)

Bemerkenswerterweise verliert Rühm an dieser Stelle kein Wort über die konkrete soziale Situation oder die Anliegen dieser „Halbstarken". Weder für ihn noch für Bayer oder Wiener schienen sie als politische oder gar künstlerische Subjekte von Interesse. Gebraucht wurden sie offenbar einzig als „Empfänger" der Anliegen der Literaten. Der große Anklang ästhetischer Interventionen bei der „progressiven" Jugend führte innerhalb der Wiener Gruppe kurzfristig zu einer intensiven Diskussion über die Möglichkeit eines Staatsstreiches, der in eine Art Diktatur der Avantgarde münden sollte. Die knappen Bemerkungen Rühms über die in der Gruppe diskutierten Vorstellungen und Vorhaben verraten einen futuristischen Zugang zum Thema Revolution. Presse und Rundfunk sollten sofort liquidiert werden, „leuchtreklamen sollten nicht mehr der werbung dienen, sondern rhythmische ‚konstellationen' blinken, kilometersteine semantische signale tragen, die sich beim vorbeifahren zu einem weiträumigen textgebilde zusammenfügen, düsenjäger sollten ‚laut- und wortgestaltungen' in den himmel zeichnen." (S. 16f.) Ähnlich wie die Gruppe der Halbstarken diente offenbar auch der Staatsapparat in der Hauptsache als Projektionsfläche der eigenen künstlerischen Agenden. „bei uns wäre alles nach zweck- und profitfreien, ästhetischen gesichtspunkten gegangen." Abgesehen von ein paar allgemeinen Ausfällen gegen die „hoffnungslos reaktionären" Institutionen finden sich in Rühms Darstellung keinerlei politische Positionierungen, geschweige denn Hinweise auf Versuche, Solidarisierungen im gesellschaftlichen Feld zu erlangen oder breitere Schichten mit konkreten Ideen zur Umgestaltung der Gesellschaft anzusprechen. Ein substanzieller politischer Veränderungsdiskurs, wie er in den 1960ern von avantgardistischen Kunstgruppen wie etwa der Situationistischen Internationale betrieben wurde, war innerhalb des Wiener Dichterzirkels noch nicht in Sicht. Die Staatsstreichfantasien waren ein rein künstlerisches Projekt und konnten auf diese Weise keine über das kollektive Imaginäre der Gruppe hinausreichende utopische Sogwirkung entwickeln. Laut Rühm begnügte sich die Gruppe schon allein aus Furcht vor langweiliger Organisationsarbeit mit der reinen Idee und wandte sich schließlich wieder ihren genuin künstlerischen Agenden zu.

Der Brachialhumor der „literarischen cabarets"

Vor allem im Umfeld des „artclub", der Wiener Gruppe sowie später der Wiener Aktionisten und Aktionistinnen fanden Ereignisse statt, die teilweise als Vorformen der Happenings und Performances in die Rezeptionsgeschichte der Nachkriegsavantgarde eingingen. In der Zeit zwischen 1953 und 1955 etwa, als sich die Wiener Gruppe allmählich zusammenzufinden begann, gab es Prozessionen durch die Innenstadt, „macabre" Feste in einem labyrinthischen Keller im ersten Bezirk sowie so genannte „poetische acte", etwa zu Ehren der Französischen Revolution, „wo in jakobinerkleidung mittels einer eigens auf der bühne installierten guillotine imaginäre hinrichtungen vorgenommen wurden" (Rühm, S. 12). Die ausufernden künstlerischen Parties führten schließlich dazu, dass der Keller polizeilich geräumt wurde.

Die sich in diesen Aktionen manifestierende Neigung zum schwarzen bzw. absurden Humor hatte indes zunächst weniger eindeutigen Provokations- und Protestcharakter als vielmehr die Funktion eines Ventils für die ausgehungerte junge Generation, die in der Kunst ein radikales Ausdrucksmittel und Vehikel der Horizonterweiterung entdeckte. In den Beschreibungen dominieren das rauschhaft-dionysische Element und ein gewisses Faible für poetische Situationskomik. Die Gegenüberstellung dieser fröhlichen Ausschweifungen mit den Berichten über die beiden so genannten „literarischen cabarets" der Wiener Gruppe (Achleitner, Bayer, Rühm, Wiener) in den Jahren 1958 bzw. 1959 zeigt, dass sich bei den Dichtern im Lauf der 1950er Jahre eine Radikalisierung vollzogen hatte, die ihre Gründe einerseits in der spezifischen Gruppendynamik, andererseits in der wachsenden Ablehnung bzw. Isolierung der Gruppe hat. Vor allem die ausführliche Beschreibung der Vorgeschichte sowie der tatsächlichen Aufführungen durch Oswald Wiener fokussiert mit großem Furor die konfrontativen Aspekte in Planung und Durchführung der Veranstaltungen. „als uns in einer von der sozialistischen partei unterstützten diskussionsrunde zweitklassiger künstler, zu der wir in der hoffnung auf finanzielle förderung gelegentlich zwei-mann-kommandos abstellten, der anfänglich wohl nicht ganz ernst gemeinte vorschlag gemacht wurde, unsere fähigkeiten im rahmen einer veranstaltung zu erweisen (wir waren durch gelächter und hämische kritik aufgefallen), griffen wir zu und dachten sofort an einen kollektiv-abend der wiener gruppe", beschreibt Wiener den unmittelbaren Anlass für die Entwicklung der Veranstaltungen. „einer der grundgedanken unserer nunmehr geplanten veranstaltung war also, ‚wirklichkeit' auszustellen, und damit, in konsequenz, abzustellen", formuliert er im Anschluss den programmatischen Ansatz.

Zumindest durch die Wiener'sche Brille gerierte sich der performative Humor der „literarischen cabarets" deutlich regressiver, infantiler und menschenfeindlicher als die Underground-Spektakel im artclub-Umfeld wenige Jahre zuvor: „ich glaube dass, wenn alles gelaufen wäre wie gedacht, unsere verächtliche haltung dem beobachter gegenüber klar zu erkennen gewesen wäre, auch ohne die verwirklichung unserer phantasien – maschinengewehre und handgranaten einzusetzen, reinen tisch zu machen im parkett. das publikum als gegenstand, in allen bedeutungen des wortes." (S. 404) Während Wiener

Jahre später in seinem Text *die verbesserung von mitteleuropa, roman* im Kapitel „purim. ein fest" eine Art literarische Verwirklichung dieser Gewaltfantasien einrichten wird, beschränkten sich die „literarischen cabarets" einerseits auf Gewalt gegen Sachen (etwa die Zerstörung eines Flügels) und andererseits auf eine vor allem in Wieners Text punktuell auflodernde Misogynie, die die an den Abenden beteiligten Darstellerinnen (unter ihnen etwa etwa die später in den USA lebende Künstlerin Kiki Kogelnik) zu reinen Handlangerinnen degradiert und auch generell mit Grobheiten nicht geizt. Der Humor wird zur Waffe, um das Publikum an den wunden Punkten zu treffen, zu schockieren und in der Folge allein zu lassen. Als etwa Rühm gemeinsam mit Achleitner zu Beginn des zweiten „literarischen cabarets" einen auf der Bühne stehenden Flügel zertrümmerte, brach eine im Publikum sitzende Musikstudentin in Tränen aus, „denn sie hatte sich bislang noch keinen flügel leisten können. das freute uns." (S. 413)

Man muss das natürlich nicht so wörtlich nehmen, wie es geschrieben steht. Allerdings folgt diese Passage nahtlos einer Reihe von Bemerkungen, die die absichtliche oder aus der jeweiligen Situation entstehende Konfrontation mit dem Publikum besonders herausstreichen. Den Protagonisten war daran gelegen, jede Form von Identifikation oder Wertschätzung mit den auf der Bühne vollzogenen Akten zu unterbinden. Interessanterweise finden sich in Wieners Text auch Beispiele für die Kehrseite seiner Neigung zum verbalen Berserkertum in Form arroganter Empfindlichkeit: „es wurde uns später in kritischen artikeln vorgeworfen, viele bierulks und platitüden verabfolgt zu haben. vielleicht hätte es unsere unvorbereiteten kritiker gestört zu erfahren, dass wir den kalauer als kunstform schätzten, und eine plumpe, schreiende ablehnung einer geschniegelten und wählerischen polemik stets vorgezogen hatten." (S. 407)

Die Schilderung der Abfolge einer Reihe von Sketches und Szenen des ersten „literarischen cabarets" vermittelt tatsächlich das Bild einer Soirée zwischen einem eskalierenden bunten Abend auf dem Pfadfinderlager und dadaistischem Happening.

Auffällig zudem die offensichtliche Weigerung des Publikums, sich vor den Kopf stoßen zu lassen: Ständig tobt und johlt es, noch die kleinste aktionistische Peinlichkeit wird gefeiert. Wieners Bericht erweckt zuweilen den Eindruck, als würde die ursprüngliche Intention einer vollkommenen Degradierung des Publikums von Mal zu Mal in ihr Gegenteil verkehrt worden sein: Nicht nur, dass es in einer unerwartet großen Menge erschienen ist; es partizipiert an diesem vorsätzlichen Schwachsinn auch noch, indem es sich köstlich amüsiert. In den „literarischen cabarets" scheint eine Vorform jener „Gesellschaft des Spektakels" heraufzudämmern, die der französische Situationist und Theoretiker Guy Debord in den späten 1960ern beschreiben wird. Die Akteure des „literarischen cabarets" mutierten nun selbst zu Objekten einer Schau- und Vergnügungslust, die sich an den kalkulierten Provokationen weidlich zu delektieren begann.

Diese Dynamik des gegenseitigen Hochschaukelns lässt sich aber auch noch anders lesen. Wiener selbst gesteht nämlich, dass in der Konzeption des zweiten „literarischen cabarets" bei allem Bemühen um weitere Radikalisierung und Zuspitzung der konfrontativen Aspekte, vor allem in Form eines systematischen Unterlaufens sämtlicher Erwartungshaltungen, eine positive Erfahrung des ersten Abends eine gewichtige Berücksichtigung fand: „wir hatten gesehen, dass bei einem teil des publikums unsere chansons besonderen anklang gefunden hatten, und wir wollten auf so etwas nicht verzichten, weil es zur vieldeutigkeit unserer auftritte beitrug."

Insgesamt legen die von Wiener beschriebenen, teils akribischen Planungen des zweiten Abends nahe, dass man über den unverhofften, skurrilen Erfolg des ersten in ein dialektisches Verhältnis mit einem überschaubaren, aber offenbar interessierten und provokationswilligen Publikum getreten war, das sich nicht unter den Vorzeichen einer reinen Konfrontation fassen und steuern ließ. Jenseits der kontrollorientierten Intentionen vor allem Wieners dürfen die „literarischen cabarets" als kleiner Meilenstein in der Entwicklung künstlerischer Formen

der Öffnung und Etablierung experimenteller Räume im Nachkriegswien gelten. Und dieses Phänomen beschreibt einen weit
über Wien und seine Avantgarde hinausreichenden Wesenszug
humoristischer Weltaneignung: das tendenzielle Scheitern des
Versuchs, Herr über eine Situation zu werden und sie nach Be-
lieben zu kontrollieren.

„i'd rather be a saxophone"
Ernst Jandl und der Jazz

Der Dichter Ernst Jandl war mitnichten ein österreichischer Jack Kerouac, der begleitet von wüsten Saxophonsoli die „Freiheit des Augenblicks" zelebrierte. Er war Mittelschullehrer von Beruf und scheute sich lange Zeit davor, in die ungesicherte Existenz des freien Schriftstellertums zu wechseln. Im Gegensatz zu schreibenden Kollegen wie Oswald Wiener (Cornet), Jürg Laederach (Saxophon) oder Boris Vian (Trompete) war Jandl nie aktiver „Jazzer". In seiner Jugend war er auch kein „Schlurf" – so wurden diejenigen Wiener Jugendlichen genannt, die noch während der Nazidiktatur ihren Widerstand gegen die völkische Einheitskultur mittels Hören und Spielen von „Negermusik" (dieser pejorative Ausdruck wurde lange nach dem Krieg noch verwendet) zum Ausdruck brachten und dafür von SS und HJ verfolgt und schikaniert wurden. Woher also die Leidenschaft für die anti-bürgerliche, mäandernd-improvisierende, verruchte Welt des Jazz? Genau betrachtet findet sich der Zwiespalt im Inneren des Autors, der in seinem Schreiben *das* Ventil fand, um Zwänge aller Art loszuwerden. Wie Jandl mit und in der Sprache verfuhr, hatte mehr mit den ekstatischen Ausbrüchen eines seiner geliebten Saxophonisten (etwa Sonny Rollins) zu tun als mit der homofaberischen Tüchtigkeit der Nachkriegsjahre.

Ernst Jandls Verhältnis zum Jazz lässt sich auf drei Ebenen festmachen: 1) die Identifikation des Jazz mit einer über den konkreten Musikstil hinausgehenden künstlerischen bzw. Lebenshaltung; 2) die Präsenz des Jazz in seiner Lyrik; 3) die über drei Jahrzehnte sich erstreckenden Kooperationen mit (vorwiegend österreichischen) Jazzmusikern, die Jandl schließlich doch noch in gewisser Weise zum kongenialen Interpreten *on stage* und im Studio machen.

Kultur- und sozialgeschichtlich markiert der Jazz im Europa des 20. Jahrhunderts einen Stachel der Ambivalenz: Erstens ist er „von drüben", ein Produkt jener amerikanischen Populärkultur, die im Nachkriegseuropa lange Zeit mit dem Etikett „jugendverderbend" abgestempelt war. Zweitens ist er aufgrund seiner nicht eindeutig bestimmbaren Wurzeln ein „Bastard", ein Hybrid. Seine Sinnlichkeit und ungezähmte Wildheit machen ihn zudem zu Beginn des 20. Jahrhunderts einerseits zur Projektionsfläche ungelebter Sehnsüchte (Stichwort: Exotismus), andererseits zur Bedrohung der guten Sitten, der bürgerlich-biedermeierlichen Moral. Die Mischung aus Ekel und Begierde, mit der die Europaauftritte der Sängerin und Tänzerin Josephine Baker in den 1920ern begleitet wurden, sprechen diesbezüglich Bände. In gewisser Weise schließt der Jazz damit an die Phänomene jener „Lachkultur" an, die der russische Semiotiker Michail Bachtin in seiner großen Analyse des Renaissance-Romans *Gargantua et Pantagruel* von François Rabelais beschreibt. Wenn der „mardi gras" in New Orleans zu Ende des 19. Jahrhunderts auf die Gesänge und Rituale der Nachfahren verschleppter afrikanischer Sklaven trifft, erwächst daraus eine vielschichtige, synkretistische Gegenkultur, die die festgeschriebenen gesellschaftlichen Verhältnisse wenigstens temporär außer Kraft zu setzen, zu überschreiten und umzukehren imstande ist.

Jazz blieb bis weit in die Nachkriegszeit ein Synonym für Zersetzung, Unreinheit, Verwahrlosung und Drogenmissbrauch. Umso erstaunlicher, dass sich der Jazz nach 1945 rasch zu einem bedeutenden Phänomen der Jugend- und Subkultur mauserte und in Künstlern wie Ernst Jandl schließlich begeisterte Rezipienten in der Nachkriegsavantgarde fand. Denkbar wird diese künstlerische Annäherung im Rahmen des europäischen Kunst- und Avantgarde-Diskurses nicht zuletzt durch die unermüdliche Übersetzungs- und Schwellenangstabbauarbeit diverser Grenzgänger und Türöffner, die das Konstrukt der europäischen Hochkultur mittels Bezugnahme auf die so genannte Trivialkultur unterwandern. Der Dada-Manifestator Walter Serner wäre zu nennen, der sowohl mit seiner sprichwörtlich gewordenen *Letzten Lockerung* als auch mit seinen Miniatur-Krimis das Paradigma kultureller Entspannung („Lockerung") als große Subversion einläutet. Der Wiener Dichter H. C. Artmann folgt ihm diesbezüglich nach dem Krieg, indem er mit der Poetik von Schauer-, Schund- und Trivialromanen zu experimentieren beginnt. Seine musikalische Devianz zelebriert der Dandy Artmann jedoch mehr über den Beat, die Frühform der Popmusik – u. a. mittels ausgelassenster Tänze vor diversen Hinterzimmer-Jukeboxes.

Jazz als Möglichkeit, leidenschaftlich auszubrechen, sich mittels Improvisation über den allgemeinen Kanon hinwegzusetzen, seine individuellen Variationen an geläufigen Themen anzubringen. Jazz als dynamischer Widerstand gegen eine an sich selbst erstickende Kultur des Abendlands. Jazz als verspielte Opposition gegen eine über Macht und Ressourcen abgesicherte Leitkultur. Was Ernst Jandl aus seiner Poetik heraus zu Maximen einer neuen Gesellschafts- und Sprachpolitik formuliert, atmet den Geist einer *jazzlike liberation* und wäre ohne seine Hingabe an diese Musikform nicht denkbar. „Sprache ist von uns gemacht, und wir können, dürfen, sollen alles mit ihr machen, was mit ihr zu machen möglich ist – ohne Scheu, ohne Ehrfurcht, doch dafür mit Freude, Liebe, Heiterkeit", schreibt er in einem Text mit dem Titel „Aufgaben" aus dem Jahr 1969. Hier verweist einer auf die Notwendigkeit permanenter Neuaneignung des „kulturellen Materials", des kreativen Rohstoffs.

Jazzaffine Poetik, Beispiel zwei: ein kleiner Ausschnitt aus Jandls Frankfurter Poetik-Vorlesung *Das Öffnen und Schließen des Mundes.* „Alles so eng als nur möglich an alles andere zu binden, und jedem einzelnen dabei sein Atmen zu lassen, seine eigene Kontur (...), ist das Programm für die Schaffung jeglichen Musters (...); ein Programm für Sprache, als die bewegende, sich bewegende, uns bewegende, bewegte, von uns bewegte Gesellschaft aller Laute und Silben und Phoneme und Wörter und Stimmen, unseren Stimmen, und unserer Sätze, unserer Erzählungen, unserer Romane und Gedichte und Schriften und Bücher, Bibliotheken, Jahrhunderte, Jahrtausende – damit kommen wir aus." Was wäre eine solch herrlich mäandernde, aus dem Thema heraus schier unendliche Variationen generierende Definition des eigenen Tuns anderes als eine Improvisation in Sprache, zugleich deskriptiv *und* poetisch, überbordend *und* klar? Bezeichnend erscheint nicht bloß der Terminus „Programm", sondern vor allem die utopische Imagination einer „Gesellschaft aller Laute", die sich allmählich zur Gesellschaft aller Bibliotheken zusammensetzt – ein radikaldemokratischer Gegenentwurf zu Jorge Luis Borges' *Bibliothek von Babel,* der buchstäblich unlesbaren Metapher für eine sich selbst unlesbar gewordene Kultur – ein Schelm, wer dabei an Europa denkt.

Jandl beschreibt den poetischen Möglichkeitsraum als fröhliches Widerspiel zwischen Thema und Variation, Struktur und Freiheit, Verknüpfung und Entfaltung — Prinzipien, die eine ästhetische Verbindung zwischen Jazz und Poesie eröffnen. Ernst Jandls „Sprachbasteln" erinnert an Jack Kerouacs „spontaneous prose", die eine an die Jazzimprovisation angelehnte Verfahrensweise zur Textproduktion darstellt.

Der Jazz im Gedicht

Jazz taucht in Jandls „konkreten" Gedichten ebenso auf wie noch in den späten Stanzen bzw. dem letzten zu Jandls Lebzeiten erschienenen Band *peter und die kuh.* Grob lassen sich drei Formen der unmittelbaren poetischen Bezugnahme unterscheiden:

1) die Nennung bzw. poetische Bearbeitung des Wortes „jazz" – meist in Form einer gleichsam nietzscheanischen Affirmation – das „Ja", das auch den Schrecken bejaht, im Gegensatz zum dümmlichen „I-A" des Esels. Dass im Wort be-

reits das „ja" steckt, reizte Jandl in besonderer Weise zu spielerischen Jazz-Bekenntnissen, die in ihrer lebensbejahenden Wucht und Dringlichkeit über das Eingeständnis einer privaten Leidenschaft hinausweisen. Sowohl das Gedicht „ja" (geschrieben am 8.5.1957) als auch „jazz ist" aus den frühen 1990ern geben sich ganz im Gestus eines bedingungslosen *commitment*. Das frühe „ja" realisiert dieses in Form einer Improvisation zwischen den Sprachen (Englisch und Deutsch) – indem es das Wortmaterial des Gedichtes aus dem phonetischen bzw. semantischen Material des Wortes „jazz" ableitet: So entsteht die Konstellation „ja / ja / jazz / yes / jazz / jesus / jesus", die als Kolumne in der Mitte der Seite insgesamt achtmal unverändert wiederholt wird. Einerseits atmet das Gedicht dadurch noch den Geist serieller Methoden in Poesie, Musik und bildender Kunst der Fünfzigerjahre, andererseits verweist die akustische Interpretation, die Jandl später gemeinsam mit seinem kongenialen musikalischen Partner Mathias Rüegg vorlegt, auf die immanente Dynamik der Steigerung und damit das Moment der unkontrollierten Ekstase, die sich in den exklamatorisch eingesetzten Wortpartikeln bereits in der schriftlichen Form des Gedichts andeutet.

In „jazz ist" variiert Jandl das Thema der Affirmation, indem er den Jazz in ein autoreferenzielles Zeichen à la Gertrude Stein verwandelt: „jazz is jazz is jazz is jazz" heißt es da in Anlehnung an die berühmte Sentenz „a rose is a rose is a rose". Dabei bleibt es jedoch nicht: Er nennt in dem Gedicht zumindest zwei Attribute, die den Jazz erst zum Jazz machen, ihn gleichsam differenzierend identifizieren: „und nennst du es jazz und es hat keinen drive / ohne drive ist es nicht jazz", heißt es, und dann: „und nennst du es jazz und es hat keinen swing / ohne swing ist es nicht jazz". In der Satzform klingt – unschwer zu erkennen – „It don't mean a thing if it ain't got that swing" (Ellington/Mills, 1931) an. Jandl verleiht den Begriffen „drive" und „swing" hier eine übergreifende Bedeutung, die sich eher auf die grundsätzliche Spielhaltung als auf den konkret zurechenbaren Stil bezieht.

2) Gedichte, die den Kontext „Jazz" thematisieren – in Form einer Bezugnahme auf konkrete Musiker, Stücke oder Instrumente. Explizit auf den erotischen Subtext der Musik spielt etwa das Gedicht „rebirth" an, das in Form einer phantasierten Wiedergeburt einen eindeutigen Zusammenhang zwischen musikalischem und sexuellem *blow job* herstellt: „when born again, i want to be / a tenor saxophone // an who d'you think will do / the blow-job? // if it's up to me there's gonna be / total promiscuity". Weithin bekannt und fast schon in den Kanon der Redewendungen eingegangen ist Jandls begehrlicher Seufzer „lieber ein saxophon", in dem er vielleicht am deutlichsten zum Ausdruck bringt, inwiefern er im Jazz eine für ihn unerreichbare Kunstpraxis sieht: „lieber ein saxophon hätte ich ja auch / an die lippen geführt anstatt / mit dem kugelschreiber an meine / veränderten zähne zu tippen mit der frage / was kommt denn dabei heraus, was kann denn / dabei herauskommen, wenn es nicht / sonny rollins ist oder gerd dudek / um einfach zwei lebende zu nennen". Jenseits des Wunsches, wenn schon kein Indianer wie Franz Kafka, so doch wenigstens ein slicker *tenorist* zu werden, klingt in der Frage nach dem *output* nicht zuletzt der fundamentale Zweifel gegenüber der eigenen Produktivität an. Jazz erscheint hier als ambivalente Rettung vor der totalen Leere, wie etwa auch in jenem Gedicht, das er seinen musikalischen Mitstreitern gewidmet hat – „an mathias rüegg und sein vienna art orchestra": „ist auch musik nicht länger in mir drin / hier höre ich musik drin ich enthalten bin". Das Beschwören konkreter Personen in Form von kleinen Widmungsgedichten macht jedoch bei den persönlich Bekannten nicht Halt, sondern dehnt sich zuweilen auf international agierende Jazzgrößen aus: etwa den Gitarristen Django Reinhardt, dem Jandl eine seiner Stanzen im Wiener Dialekt widmet, oder auch Hans Koller, einen der wenigen österreichischen Saxophonisten von Weltrang. Zuweilen zitiert Jandl auch *standards* bzw. berühmte Jazznummern, ohne direkt auf sie Bezug zu nehmen bzw. indem er sich über den Titel zu einer sprachlichen

Improvisation verleiten lässt. Zu nennen wären etwa „sentimental journey" (Brown/Homer/Green, 1944) oder die Stanze „smoke gets in your eyes" (Kern/Harbach, 1933).

3) Gedichte, die sich poetologisch bzw. implizit auf Dynamik und Kontext des Jazz beziehen. Beispielhaft dafür erscheint das 1983 entstandene Gedicht „wie verrückt", das sich nicht nur in der abermaligen Nennung des Saxophons auf den Jazz bezieht. In diesem Gedicht formuliert Jandl ein alle Kunstsparten übergreifendes und sämtliche Grenzen in gewisser Weise überwindendes Programm einer „wilden" Produktivität:

wie verrückt

wie verrückt arbeiten alle an romanen und
wie verrückt an neuen theaterstücken und wie
verrückt an neuen gedichten und die maler
malen wie verrückt an ihren neuen bildern und
die bildhauer hämmern wie verrückt auf ihren stein
und die komponisten tragen wie verrückt ihre häßlichen noten ein
und die musiker tag und nacht blasen wie verrückt in ihr saxophon
ihre trompete ihre posaune klarinette flöte oboe fagott

Allein wie die Titelphrase „wie verrückt" innerhalb der Zeilenform buchstäblich verrückt wird bzw. zu wandern beginnt, vom zweimaligen *line opener* über das Enjambement (2.-3. Zeile) bis zum allmählichen Abtauchen in den Zeilenfluss – die schwer beschreibbare Mischung aus Strenge und Freiheit, Präzision und Überschwang erscheint charakteristisch für die Jandl'sche „Geburt der modernen Poesie aus dem Geist des Jazz". Natürlich kann man über die Frage, warum ausgerechnet die Noten der Musiker „häßlich" sein sollen, ebenso stolpern wie über die kleine syntaktische Verrückung „die musiker tag und nacht blasen". Dem *basic flow* des Gedichts ist weder das eine noch das andere abträglich, im Gegenteil: Beides erdet den kollektiven Produktionswahnsinn, indem es kurz aufflackernde Momente des Komischen produziert. Insgesamt steht „wie verrückt" poetologisch für die niemals versiegende Lust an der Sprache, am Konstruieren und Dekonstruieren von Klang, Struktur, Sinn und Bedeutung. Nie werden wir erfahren, was die Künstler in ihrem schöpferischen Rausch schaffen – zumindest nicht durch dieses Gedicht. Jandl verschiebt unsere Aufmerksamkeit vom *Was* aufs *Wie*, auf die Modalität des Produzierens, die umfassende Affiziertheit durch Sprache, Bild, Ton und Welt.

Der Jandl im Jazz

Jandl selbst nimmt die reale Beziehung zum Jazz in einem Jahr auf, das für ihn rückblickend eines der entscheidendsten sein sollte: 1966, Jandl befindet sich bereits in seinem 42. Lebensjahr, erscheint sein erst zweiter Gedichtband – nachdem der erste zehn Jahre zuvor von der Öffentlichkeit kaum wahrgenommen worden war. Die Wahrscheinlichkeit, dass aus dem eigenwilligen Experimentator noch ein gefeierter Lyrikstar werden sollte, schien denkbar gering, als *Laut und Luise* den Weg für einen ungeahnten Erfolg ebnete. Jandl profitierte einerseits von der gesellschaftlichen Aufbruchsstimmung und dem Hunger nach Neuem, Unkonventionellem in den späten Sechzigern, andererseits aber auch von seinem Vermögen, seine Sprech- und Lautgedichte in fulminanten Performances zu Gassenhauern zu prägen. Einen nicht unwesentlichen Beitrag zu dieser Entwicklung lieferte das Aufeinandertreffen mit dem Pianisten und Big-Band-Leader Dieter Glawischnig, der Jandl in jenem Jahr 1966 sowohl im Duo mit dem Bassisten Ewald Oberleitner als auch mit der NDR-Big-Band begleitete.

Nachhaltigen Erfolg hatte auch Jandls Kooperation mit dem 1977 vom Schweizer Musiker Mathias Rüegg gegründeten Vienna Art Orchestra. Meist in kammermusikalischer Besetzung im Verbund mit der Sängerin Lauren Newton, den Saxophonisten Wolfgang Puschnig und Klaus Dickbauer und dem Pianisten Uli Scherer entstanden Aufnahmen, die sich ins kollektive Gedächtnis einbrannten und bestimmte Jandl-Gedichte dermaßen stark prägten, dass eine Lektüre ohne gleichzeitiges Im-Kopf-Haben der jeweiligen Aufnahme kaum mehr möglich schien. In die Rezeptionsgeschichte von Texten wie „bist eulen" hat sich die Stimme von Lauren Newton bzw. die musikalische Umsetzung durch Mathias Rüegg und seine Mitstreiter unauslöschlich eingeschrieben. Improvisiert wird dabei von allen Seiten erstaunlich wenig ¬ die Umsetzungen von Jandls Gedichten sind großteils festgelegt bzw. ausnotiert. Freiheit und Spontaneität sind jedoch umso deutlicher in der Interpretation zu spüren. Insgesamt drei Alben entstanden im Lauf der Kooperation mit dem Vienna Art Orchestra: Das erste Album *vom vom zum zum* beinhaltet unter anderem eine äußerst berührende und dichte Vertonung von Jandls längstem Gedicht, „deutsches gedicht", in dem er seine Verführung als Kind und Jugendlicher durch die NS-Propaganda aufarbeitet. In den späten Achtzigern bzw. frühen Neunzigern folgen noch *bist eulen?* und *lieber ein saxophon* – ebenfalls Meilensteine in der Begegnungsgeschichte von Jazz und Poesie.

Dem Jazz blieb Jandl buchstäblich bis zum Umfallen treu – wenngleich er sich „auf seine alten Tage" einen äußerst jungen und attraktiven Geliebten hielt: den HipHop bzw. Rap, den er nicht nur in seiner ursprünglichen amerikanischen Variante, sondern in der Aneignung des oberösterreichischen Musikduos Attwenger für sich entdeckte. Die zu hiphopartigen Beats und verzerrtem Akkordeon vorgetragenen Gstanzln der beiden Herren aus dem Imperium des Mostes inspirierten Jandl nicht nur maßgeblich zu seinen *stanzen*, sondern ließen ihn zu Mitte der Neunzigerjahre noch ein letztes Mal die Nähe zur Musik aufsuchen: zwar nicht mit den Attwengern, dafür jedoch mit dem Wiener Akkordeonisten und Ex-„Schmetterling" Erich Meixner, der Jandls garstige Sprüchlein mit jener Liebe pflegte, die allen Musikerinnen und Musikern zueigen war, die mit dem stimmgewaltigen Ernst Jandl je zu jammen wagten …

Virtuosität und Extremismus
Eine kurze Geschichte vom Spiel mit der Sprache

„Sprache ist von uns gemacht, und wir dürfen, können, sollen alles mit ihr machen, was mit ihr zu machen möglich ist – ohne Scheu und Ehrfurcht, doch dafür mit Liebe, Freude, Heiterkeit." Diesen Satz schreibt Ernst Jandl im Jahr 1969. Eine Analyse des Satzbaus weist ihn als eine virtuose Komposition aus. Seine Grundstruktur ist dreiteilig. Den ersten Teilsatz könnte man als These oder Definition bezeichnen, die einen umfassenden Sachverhalt in radikaler Kürze auf den Punkt bringt. Der zweite Teil dient zur näheren Bestimmung und führt das Moment der Dynamik ein: Ein dreigliedriger verbaler Ausdruck, ein so genanntes Trikolon, steht hier für die treibende, drängende Aktivität der Poiesis („dürfen, sollen, können"). Die drei Hilfsverben münden allesamt im zentralen Verb „machen", in dem die eröffnende These widerhallt. Den abschließenden dritten Teil bildet ein verbloser Zusatz, dessen Funktion in der näheren Bestimmung der Praxis besteht. Man könnte von der heiteren Variante eines kategorischen Imperativs des Dichtens sprechen.

Das Subjekt des Satzes bildet ein nicht näher bestimmtes „Wir", also gleichsam eine große Inklusion, die den poetischen Elfenbeinturm buchstäblich „für alle" öffnet. *Jandl für alle* lautet der Titel einer Auswahlsammlung von Ernst Jandls bekanntesten Gedichten. Dieses Wir, mit dem offenbar ausnahmslos alle gemeint sind, lässt sich als programmatische Setzung verstehen: Die oft als elitär, unverständlich, unzugänglich etikettierte Avantgarde öffnet sich einem großen Publikum mit der Botschaft: Nicht bloß lesen, sondern selber ausprobieren! Die Sprache ist das Haus des Seins für alle, eine einzige große kreative Fabrik …

Jandls Bestimmung des Schreibens und Sprechens als kreative Arbeit führt das Dichten zurück auf seine griechische Bedeutung ποιέω, was so viel wie „machen, schaffen" bedeutet. Das Erforschen der Grenzen sprachlicher Ausdrucksmöglichkeiten, wie es für die Avantgarden des 20. Jahrhunderts kennzeichnend ist, erscheint also weder als Vorrecht der Dichter noch als exklusive Entwicklung der Moderne. Menschen spielen vielmehr mit der Sprache, seit sie dichtend über sie verfügen – als Einzelwesen ebenso wie als Gattung. Ständig verwenden wir Wortspiele, Sprichwörter, Redewendungen und bewegen uns in der metaphorischen Sphäre der Sprache. Sprechend und schreibend kreisen wir um bestimmte Inhalte, umschreiben sie und transformieren sie in eine Form, die sich von ihrem Ausgangspunkt mehr oder weniger emanzipiert.

Oft greifen wir dabei auf stehende Redewendungen oder Gemeinplätze zurück, also gleichsam tote Metaphern oder sprachliche Bilder, deren ursprüngliche Bildhaftigkeit uns kaum mehr bewusst ist. Andererseits tauchen jedoch ständig neue Wörter auf, die innerhalb kurzer Zeit erstaunliche Karrieren machen. Sie bezeichnen neue Technologien, Kommunikations- oder Verhaltensformen und weisen darauf hin, dass die Sprache permanent in Veränderung begriffen ist.

Die Vorstellung, dass der Akt des Sprechens ursächlicher mit dem Dichten zusammenhängt, als uns bewusst ist, verbindet Jandl mit einem für die moderne Poesie höchst einflussreichen Denker: den italienischen Philosophen Giambattista Vico (1668–1744). In seinem Hauptwerk *Prinzipien einer Neuen Wissenschaft über die gemeinsame Natur der Völker* entwickelte er eine eigene Theorie über den Ursprung der Sprache. Für Vico bestand ein fundamentaler Zusammenhang zwischen dem Akt des Benennens und jenem des Schaffens im kreativen Sinn. Im so genannten heroischen Zeitalter fielen das Sprechen und das Dichten sozusagen in eins. Vico zufolge muss man sich Dichter als Affekt-Transformatoren vorstellen, die tagein, tagaus damit beschäftigt sind, überwältigende Gefühle, Wahrnehmungen und Erlebnisse in adäquate Zeichen zu übersetzen. Dabei wird selbstverständlich viel geschrien, wild gestikuliert und gleichsam ungeschützt experimentiert. Aus heutiger Sicht mag eine solche Theorie pathetisch wirken. Wer Kinder beim Prozess des Spracherwerbs beobachtet, dürfte allerdings eine Ahnung erhalten, welche Zustände der Philosoph Vico im Blick hatte, als er seine *Neue Wissenschaft* vom Entstehen der Sprachen und Kulturen entwickelte.

Für die europäische Literaturtradition lassen sich schriftliche Beispiele eines schöpferischen Umgangs mit Buchstaben, Worten und Sätzen bis zur Antike zurückverfolgen. Die griechisch-römische Lust am Sprachspiel dokumentierte der Romanist Ernst Robert Curtius (1886–1956) in seinem 1948 erschienenen Werk *Europäische Literatur und lateinisches Mittelalter.* Curtius war als Verfechter einer deutschsprachigen Verständigung einer der prägenden Intellektuellen der Weimarer Republik. Er beschäftigte sich zunächst wissenschaftlich und essayistisch mit damals noch keineswegs kanonisierten Autoren wie Marcel Proust oder James Joyce. Vor allem Joyce' spätes Hauptwerk *Finnegans Wake* lässt sich als eine Art universelles Sprachspiel auffassen, in der Joyce eine poetische Kunstsprache entwickelte, die sprachliche und literarische Traditionen aus über 2000 Jahren abendländischer Kulturgeschichte zu einem neuartigen Gebilde verwob. Er bediente sich dabei unter anderem der literarischen Technik der Homonymie, indem er gleich oder ähnlich lautende Wörter mit unterschiedlichen Bedeutungen zu völlig neuen Schachtelwörtern zusammensetzte. Der Auslöser für Ernst Robert Curtius' Beschäftigung mit der mittelalterlichen Literatur lag unter anderem in einer Begegnung mit dem deutschen Privatgelehrten Aby Warburg, den er 1928 in der Bibliotheca Hertziana, einer deutschen Kultureinrichtung in Rom, traf. Warburg präsentierte dort seinen Mnemosyne-Atlas, und seine Ausführungen waren Wasser auf die Mühlen von Curtius, der in der griechisch-römischen Antike die gemeinsame Grundlage der europäischen Literaturen sah. Als gleichsam empirisches Beweismaterial für die konstante Rezeption des antiken Ursprungs führt Curtius eine Menge an konkreten Beispielen an. Besonders interessieren ihn die „Künsteleien", wie er es nennt, also die manieristische Tradition. So berichtet er vom Lehrer des Odendichters Pindar, dem Musiker und Dichter Lasos, der um die Mitte des 6. Jahrhunderts vor Christus Gedichte verfasste, in denen er auf den Buchstaben (Sigma) verzichtete. Diese Auslassung formte sich zu einem literarischen Verfahren, das man als Lipogramm bezeichnet und das in der Spätantike systematische Züge annahm, als der Dichter Nestor von Laranda im 3. Jahrhundert nach Christus eine Ilias dichtete, in deren einzelnen Kapiteln jeweils ein Buchstabe fehlte. Im 5. Jahrhundert verfasste der Ägypter Tryphiodor eine Odyssee, die auf dem gleichen Formprinzip beruhte. Das Lipogramm überlebte als literarische Form bis in die Literatur des 20. Jahrhunderts, etwa in dem Roman *La disparition* des französischen Autors George Perec aus dem Jahr 1969, der vollständig auf den Buchstaben „e" verzichtet.

Ein weiteres historisches Feld des spielerischen Umgangs mit Worten und Zeichen erforschte der Kulturhistoriker und Schriftsteller Gustav René Hocke, ein Schüler von E. R. Curtius. In seinen Publikationen *Die Welt als Labyrinth* und *Manierismus in der Literatur* versuchte er zu zeigen, wie prägend die Tradition der dunklen, verspielten und vieldeutigen Formen des Manierismus in der europäischen bildenden Kunst und Literatur waren und sind. Im Anschluss an Curtius weitete Hocke den Begriff des Manierismus über seine geläufige Verwendung als Bezeichnung einer bestimmten Epoche in der Kunst- und Stilgeschichte aus und fasste ihn als universales ästhetisches Prinzip auf, das zu verschiedenen Zeiten unterschiedliche Ausprägungen fand und immer noch findet. Hocke interessierte sich besonders für jene künstlerischen Traditionen, die man als esoterische Wortalchemie bezeichnen könnte. „Manierismus in der Literatur fängt nicht beim Wort, beim Satz, bei der Periode an", schreibt Hocke. „Schon der Buchstabe regt den Trieb zur Symbolisierung, Bereicherung, Ausschmückung, Verdunkelung und Verrätselung an, zur Kombination von Phantasie und berechnender Künstlichkeit. Er ist selbst ein bildhaftes Zeichen, das vor allem in den frühen Kulturen des Vorderen Orients einen magischen oder mystisch-religiösen Symbolwert hatte." Die Vorstellung einer literarischen Verklausulierung des Universums reicht weit bis in die Ästhetik der Moderne hinein. So erkennt Hocke etwa in den französischen Symbolisten Charles Baudelaire und vor allem Arthur Rimbaud ebenso moderne Sprach-Alchemisten wie im Spracherfinder James Joyce. Im Zentrum steht der Begriff des „concetto", das er mit „lyrische Sinnfigur" übersetzt. Im „concetto" kommt gewissermaßen die poetische Sprache zu sich, wie er in folgender Passage andeutet: „Das Mittel der Mitteilung, die Sprache, der Buchstabe, das Wort, der Satz, die Metapher, die Periode, die lyrische Sinnfigur (concetto) werden autonom. Es wird auf ihren ursprünglichen Funktionswert verzichtet."

Hocke referiert eine Unzahl an Beispielen vornehmlich aus der barocken romanischen, englischen und deutschsprachigen Lyrik, die eine solche Tendenz zur Form-Autonomie auf die Spitze treiben. Besonders prächtige Blüten trieb das Spiel mit der Sprache in dem 1634 in Rom erschienenen Werk *Deadario Trimetro* des Autors Lodovico Leporeo, der eine „Alphabetische Poesie" entwickelt, wie er es selbst nennt. Hocke schreibt: „Was bei Harsdörffer noch Vernunft-Kunst war, wird bei Leporeo durch ein Zusammentreffen von Virtuosität und Extremismus zu einem fast ‚modernen' verbalen Automatismus." Hocke ergänzt, dass diese Poesie auch den dadaistischen Autor Hugo Ball, „der für die ‚magisch gebundene Vokabel' schwärmte", entzückt haben müsste. Zum weiteren Beweis für seine These von der überzeitlichen Wirkung der manieristischen Tradition führt Hocke an, dass sich diverse avantgardistische Autoren des 20. Jahrhunderts bewusst auf diese scheinbar ab-gründigen Traditionen bezogen: der französische Meisterdenker der Surrealisten, André Breton etwa, oder Raymond Queneau, der die „poètes hétéroclytes" bzw. „poeti bizarri", wie die barocken Sonderlinge genannt wurden, in seiner Zeitschrift „bizarre" wiederentdeckte. Queneau und seine Kollegen

von der Literatengruppe „Ouvroir de litterature potentielle"
waren fasziniert von den Buchstabengedichten und vor allem
der Kunst der Kombinatorik, in der sie eine wichtige Vorläu-
ferin für ihre eigenen Experimente erkannten.

Angeregt von der Lektüre Curtius' und Hockes, formulierte der Autor Hubert Fichte (1935–1986) in seinem Essay *Elf
Übertreibungen* (1976) die Behauptung: „Deutsche Literatur
ist für mich barocke Literatur. Orthographische Phantasie,
grammatikalische Turbulenz, Bildungsraserei und Regelwut –
sie zischt ab über die meisten Literaturen ihrer Epoche." Fichte
wollte mit dieser Polemik darauf verweisen, dass die Fokussie-
rung auf die Klassik einen bedeutenden Strang deutscher
Literaturproduktion im öffentlichen Bewusstsein zum Verschwinden gebracht hatte: ebenjene Traditionen des Spiele-
risch-Verspielten, der man unterstellte, sie wäre ohnehin nur
ein bastardisiertes, epigonales Echo der italienischen, spanischen und französischen Literatur, denen zudem immer ein
unernster, liederlicher Charakter zugeschrieben wurde.

Vielleicht bedurfte es solcher Grenzgänger wie Curtius und
später Hocke, die sich intensiv mit anderssprachigen Traditionen auseinander setzten und diese Länder auch bereisten bzw.
dort lebten, um über einen anderen Blick wieder auf die Vorläufer in der eigenen Sprache aufmerksam zu werden. Der Blick
auf die reichhaltige literarische Produktion des Barock und des
Manierismus brachte fremdartig funkelnde, faszinierende Quellen zum Vorschein. Da waren zum einen die überbordenden
Regelpoetiken, die das Dichten als lehr- und lernbare Hand-
werkskunst auswiesen. Das Ingenium entfaltete sich in der
möglichst virtuosen Aus- bzw. Überreizung der rhetorischen
und formalen Konventionen. Aus dieser wachsenden „Regelwut", wie Hubert Fichte es nannte, wuchs gleichsam die andere, die abgründige Seite des Manierismus hervor: Das Über-
schießende, das Subjektive in Ausdruck und Orthographie
entpuppten sich als erfrischende Impulse für alle möglichen
avantgardistischen Experimente der Nachkriegsliteratur. Die
Konkrete Poesie erkannte in den barocken Buchstaben- und

Figurengedichten wichtige Vorläufer für ihre eigenen Experimente mit Buchstaben, Worten und Sätzen als bildliche Konstellationen. Die Autoren der so genannten Wiener Gruppe, besonders H. C. Artmann, Konrad Bayer und Gerhard Rühm, beschäftigten sich mit barocker Dichtung und Poetik. Artmann etwa fingierte in seinen „epigrammata" auf ironisch-lustvolle Weise ein Neobarock in „teutschen alexandrinern". Bayer wiederum widmete sich in den Recherchen für seinen experimentellen Roman *der kopf des vitus bering* mit dem bis zur Selbstopferung zwischen Genie und Wahnsinn dahinwandelnden Barockdichter und Religionsgründer Quirinus Kuhlmann und seinem poetisch-politischen Konzept der „Kühlmonarchie".

Der Schwerpunkt der Aufmerksamkeit für die poetische Tradition verlagert sich vom Stoff, vom Inhalt auf den Moment des Spielens mit dem zugrundeliegenden Material. Spiel vs. Ernst oder anders ausgedrückt, der dionysische Manierismus gegen die apollinische Strenge der Klassik. Aber lässt sich diese Dichotomie in Bezug auf die Dichtkunst tatsächlich aufrechterhalten? Hieße das nicht wiederum das Vorurteil weiterschreiben, dass es sich bei experimentellen Sprachspielen letztlich um buchstäblich unernste Produkte handle, deren Sinn oder eben Unsinn nicht über den jeweils konkreten Text hinausreiche?

Eine Relativierung besteht in einer Umdeutung (oder Umwertung) des Spielbegriffes. Der Philosoph Friedrich Nietzsche war der sprachgewaltigste Aphorist des Vitalismus, einer geistigen Strömung am Ende des 19. Jahrhunderts, die unter dem Eindruck der enormen Umwälzungen des sich rasend industrialisierenden und metropolisierenden Zeitalters eine radikale Kritik des Rationalismus formulierte. Nietzsche begreift ebenso wie der französische Philosoph Henri Bergson das Lachen als eine Art von Zeit- und Denkkritik, welche die Opposition von Spiel und Ernst in die Luft sprengt. Das Lachen der Philosophen schallt gleichsam todernst durch die Vorhallen und Vorhöllen des 20. Jahrhunderts. Es ist ein zynisches Lachen, aber nicht in jenem abgeklärten, kalten Sinn unserer Zeit, sondern im Sinn der antiken Kyniker, die die Gesellschaft provozierten, indem sie aktionistisch oder paradox auftraten, um die Scheinheiligkeit oder Absurdität der Verhältnisse auf den Kopf zu stellen. Jenes Lachen, das gleichsam von draußen in die muffigen Interieurs wilhelminischer Borniertheit hineinschallt, soll Platz schaffen für eine neue Kultur des zivilisatorischen Spiels, für einen Entwurf eines kommenden, eines zukünftigen Geschlechts, das Nietzsche missverständlich und folgenschwer den „Übermenschen" nannte. Gemeint war damit nicht jener aus Fin-de-Siècle-Schundheften zusammengeschusterte Arier, der sich später anschickte, die Welt zu unterwerfen, sondern ein neues Bild vom Menschen, der sich seiner sozialen, technologischen und ökonomischen Umwelt und schließlich auch sich selbst eben lachend, spielerisch nähert.

Etwas von diesem in *Also sprach Zarathustra* reichlich bizarr und manchmal auch unfreiwillig komisch skizzierten neuen Menschen flackert auf unterschiedliche und oft gegensätzliche Weise in jener Bohème auf, die sich am Übergang vom 19. ins 20. Jahrhundert in den explosionsartig wachsenden Metropolen Berlin, München, Wien oder Paris zusammenfindet. Die Lebenswege und -entwürfe der frühen Expressionisten, der Dadaisten und Jung-Wiener sind ausgefüllt von einer Getriebenheit, in der äußerste Produktivität und vollkommene Niedergeschlagenheit einander scheinbar im Stundentakt abwechseln. Der nietzscheanische Impuls, der diesen auf verschlungene Weise einflussreichen Außenseitern innewohnt, ist janusköpfig: Das Lachen hat von Anfang an nicht nur etwas Befreiendes, sondern auch etwas Zerstörerisches. Diesbezüglich existiert eine bislang kaum gewürdigte Zeitgenossenschaft zu jenem Begriff der „schöpferischen Zerstörung", den der österreichische Ökonom Joseph A. Schumpeter in seiner 1912 erschienenen *Theorie der wirtschaftlichen Entwicklung* prägt. Schumpeter erkennt den Charakter der wirtschaftlichen Entwicklung darin, dass sie bestehende Elemente ständig neu kombiniert und in diesem Prozess der permanenten Innovation alte, verkrustete Strukturen zerstört.

Es gibt einen utopischen (in die Zukunft gerichteten) und einen nihilistischen (auf den Untergang fixierten) Strang in der heraufdämmernden Kunst der Moderne, und diese beiden Stränge sind ineinander verwickelt wie die einzelnen Fäden eines Seils. In der deutschsprachigen Literatur finden sich in der ersten Dekade des 20. Jahrhunderts zwei archetypische Antipoden der an Nietzsche anschließenden Lachkultur: Paul Scheerbart und Carl Einstein. Scheerbart lotet in seinen fantastischen Romanen die Möglichkeitsräume der Zukunft als gesellschaftliche Lustspiele aus, als Komödien des Neuen, des Anderen. In seiner *Katerpoesie*, einer Spielart von Unsinnsgedichten, öffnet er bereits eine Tür, in die wenig später die Dadaisten mit lautem Gebrüll einfallen werden. In diesen Gedichten erscheint der Unsinn als frei flottierender, niemals dingfest zu machender Sinnstifter. Scheerbarts komisch-fantastische Literatur erzeugt in gewisser Weise relativierende Gegenbilder zum Weltgeschehen aus der Perspektive des Weltalls. Diesbezüglich schreibt er einmal: „Merkwürdig ist doch, dass auf dem Stern Erde Alles immer auf etwas Komisches hinausläuft. Jedenfalls sollten wir dieses Komische an allen Enden und Ecken nie vergessen – dann wird uns der Humor nicht so leicht abhanden kommen."

Carl Einstein stellt in seinem 1909 erschienenen Romanfragment *Bebuquin oder Die Dilettanten des Wunders* die glühenden Hoffnungen der Expressionisten auf eine Rettung der Welt durch die Kunst auf den Kopf. Er lässt seinen Antihelden Bebuquin durch eine aus den Fugen geratene Bohème-Atmosphäre geistern, die eine sich in ihre einzelnen Bestandteile auflösende Unterwelt der Scheerbart'schen Höhenflüge darstellt. Die rasch wechselnden, surrealen Räume des Textes nennen sich „Museum zur billigen Erstarrnis", „Kloster des kostenlosen Blutwunders" oder „Theater zur stummen Ekstase". In der Rezeption wurde der Zustand des Protagonisten Bebuquin einmal als „gefährlicher mystischer Nullpunkt" bezeichnet. Die Dekonstruktion des Ästhetischen ließ vom vitalistischen Versprechen des *homo ridens ludens* nicht mehr viel übrig. Carl Einstein markierte sowohl in seinem Schreiben als auch in seinem Verhalten eine extreme Außenseiterposition innerhalb eines Zirkels an literarischen Außenseitern, der sich zu Beginn des 20. Jahrhunderts in Berlin etablierte. Der *Bebuquin* galt trotz seiner Sperrigkeit unter den Expressionisten als epochales Werk, jedoch wurde die darin formulierte radikale Absage an das utopische Potenzial künstlerischen Ausdrucks nicht von allen geteilt. Insgesamt herrschte Aufbruchstimmung, was sich an den Namen der aus dem Boden schießenden Literaturzeitschriften ablesen ließ: *Aktion, Revolution, Sturm* lauteten die Titel jener Periodika, in denen die unterschiedlichsten Charaktere sich zu eigenständigen Stimmen ausformten.

Die Jahre bis zum Ausbruch des Ersten Weltkrieges stellen ein Zeitalter der intensiven Vernetzung dar: Es setzt eine intensive Kommunikation zwischen verschiedenen künstlerischen Ausdrucksformen ein, vor allem zwischen Schriftstellern und bildenden Künstlern; man begreift sich als gemeinsame Bewegung, sowohl im ästhetischen wie auch im weltanschaulichen Sinn. Die vorhandenen Differenzen und Gegensätze wirken zumindest für eine kurze Zeit weniger prägend als das große Ganze. Allgemein dominiert das Verlangen nach einer umfassenden gesellschaftlichen Befreiung. In diesem Sinne ist auch das Pathos zu verstehen, das unter den Expressionisten um sich greift und ihre Formensprache prägt. Ästhetisch arbeiten sich die deutschen Expressionisten zunächst an den französischen Vorbildern aus dem vorigen Jahrhundert ab, allen voran Baudelaire, dessen Gedichtsammlung *Fleurs du mal* der Dichter Stefan George 1891 zum ersten Mal in einer deutschen Übersetzung vorlegt, aber auch Rimbaud und nicht zuletzt Stephane Mallarmé, der vielleicht am deutlichsten dem entspricht, was Gustav René Hocke als moderne Variante eines Sprach-Alchemisten bezeichnete. Die poetische Sprache der deutschen Expressionisten beginnt sich jedoch auch unabhängig von den französischen Vorläufern zu radikalisieren. Eine entscheidende Rolle in diesem Prozess spielt

Gottfried Benn, der in seiner Lyrik kühne Synästhesien ausprobiert und in seinen Aufsätzen eine moderne Poetik zu formulieren beginnt. Bei Benn wird das Thema Großstadt in all seinen Facetten akut und bildet einen wortmächtigen Gegensatz zu jenen Weltfluchttendenzen, die in der Lyrik seiner Zeitgenossen ebenso um sich greifen. In seinen Gedichten entwickelt Benn eine Sprache der Leichenhallen, der Baracken, der Untergrundbahn. Es ist eine Ästhetik des Schocks, der methodischen Kälte, die Benn in seiner Lyrik inszeniert und in der sich das wahrnehmende Subjekt gleichsam beständig von seinen eigenen Wahrnehmungen distanziert, um über diese Haltung zu einer neuen Wahrnehmung zu gelangen. Diese Schocksprache treibt auf die Spitze, was sich bei den französischen Symbolisten bereits angelegt findet. Baudelaire kreist in den Gedichten seiner *Fleurs du mal* explizit um urbane Szenarien, vor allem um den anonym umherstreifenden Dichter als Prototyp des Flaneurs. Der Theoretiker Walter Benjamin widmet Baudelaire eine eigene Studie mit dem Titel *Ein Lyriker im Zeitalter des Hochkapitalismus*, in der er aufzeigt, dass sich in der Figur des Flaneurs eine neue Wahrnehmungsform manifestiert, die von den sich rasant wandelnden Metropolen geprägt ist. „Wer sieht, ohne zu hören, ist viel beunruhigter als wer hört, ohne zu sehen", schreibt der Soziologe Georg Simmel. „Die wechselseitigen Beziehungen der Menschen in den Großstädten zeichnen sich durch ein ausgesprochenes Übergewicht der Aktivität des Auges über die des Gehörs aus. Die Hauptursachen davon sind die öffentlichen Verkehrsmittel. Vor der Erfindung der Omnibusse, der Eisenbahnen, der Tramways im neunzehnten Jahrhundert waren die Leute nicht in die Lage gekommen, lange Minuten oder gar Stunden sich gegenseitig ansehen zu müssen, ohne aneinander das Wort zu richten."

Explosion der Städte, Industrialisierung, Entfremdung, Dynamisierung des Alltags führen im Lauf des 19. Jahrhunderts zu einer radikalen Wandlung des Selbstverhältnisses der Subjekte, und dies immer stärker auch unabhängig von der jeweiligen gesellschaftlichen Schicht. Die Erschütterungen der anbrechenden Moderne machen sich auch im Bürgertum breit, das eine Reihe an Niederlagen hinsichtlich seiner revolutionären gesellschaftlichen Bestrebungen verarbeiten muss. Jenes „Ich", dem von der Aufklärung noch ein glücklicher Ausgang aus seiner „selbstverschuldeten Unmündigkeit" in Aussicht gestellt wurde, sieht sich wenig mehr als hundert Jahre später mit der Diagnose konfrontiert, es sei „nicht mehr Herr im eigenen Haus" (Freud) bzw. „unrettbar" (E. Mach).

Inmitten der Fin-de-Siècle-Stimmung zwischen Aufbruch und Untergang wächst eine neue Generation an Künstlern heran, die sich im Umfeld der Expressionisten samt ihren Zeitschriften, Salons und Galerien bewegen, sich jedoch schließlich in entscheidenden Punkten von ihrer Herkunft abgrenzen und lossagen. Diese Dynamik der Spaltung hat mehrere Ursachen und Ebenen. Eine entscheidende Zäsur markiert der Ausbruch des Ersten Weltkrieges. Viele Künstler lassen sich zunächst von der Kriegsbegeisterung anstecken und melden sich teils freiwillig zum Kriegsdienst. Auf die nationalistische Euphorie folgt jedoch die Ernüchterung der Grausamkeiten und Gewalttätigkeiten, die sich allmählich zu dem auswachsen, was der Wiener Literat Karl Kraus unter dem Titel *Die letzten Tage der Menschheit* subsumiert hat. Bald schon sind Künstler mit der Frage der Mitverwantwortung am einsetzenden zivilisatorischen Untergang konfrontiert.

„Die höchste Kunst wird diejenige sein, die in ihren Bewußtseinsinhalten die tausendfachen Probleme der Zeit präsentiert, der man anmerkt, daß sie sich von den Explosionen der letzten Woche werfen ließ, die ihre Glieder immer wieder unter dem Stoß des letzten Tages zusammensucht", heißt es im *Dadaistischen Manifest* aus dem Jahr 1918. Als Verfasser dieses Manifestes unterzeichnet eine Gruppe von Künstlern, die sich bereits einige Jahre zuvor im neutralen Zürich zusammengefunden hat. Dort entsteht um das Jahr 1916 jene Strömung, die den Expressionismus in vielerlei Hinsicht beerbt und überwindet. Im legendären Cabaret Voltaire liefern sich die Künstlerinnen und Künstler einen herausfordernden Schlagabtausch mit dem Publikum. Eine Zeit der Manifeste bricht an, eine Zeit der Entwürfe und revolutionären Postulate. Coram publico werden nicht bloß neue, bisher ungehörte Gedichte, sondern vollkommen neuartige Gedichtformen präsentiert, die sich aus den expressionistischen Experimenten bis hin zur Wortkunst herausschälen und davon abgrenzen. Für die permanente Produktivität findet Hans Arp den Überbegriff der „elementaren Kunst" und später jenen der „konkreten Kunst", was zumindest begrifflich die „Konkrete Poesie" der 1950er Jahre vorwegnimmt. In kurzer Zeit entsteht ein Netz an Aktivitäten und Innovationen, das auf vielfältigste Weise und in unterschiedlichen Bereichen weiterwirkt. Ausgehend von Zürich formiert sich die erste Internationale der Avantgarde, die von Beginn an in mehr als einer Sprache spricht und sich nicht auf die Literatur beschränkt. Zu den deutschsprachigen Vertretern gesellen sich bald der französischsprachige Rumäne Tristan Tzara, zudem französische, italienische und holländische Künstler, die Dada nach dem Ende des Krieges von Zürich aus in die europäischen Metropolen Berlin, Paris und schließlich bis nach New York exportieren.

Von Anfang an artikulieren die Vertreter der neuen Richtung ihre Kunst als „Anti-Kunst", nicht bloß in Abgrenzung zu dem, was bislang als Kunst galt, sondern auch, um damit die Aufhebung der Trennung zwischen Kunst und Leben zu postulieren. Das Spiel tritt nunmehr als Intervention des Zufalls, der Kontingenz auf: „Was wir Dada nennen, ist ein Narrenspiel aus dem Nichts, in das alle höheren Fragen verwickelt sind", schreibt der Dichter Hugo Ball, „eine Gladiatorengeste; ein Spiel mit den schäbigen Überbleibseln; eine Hinrichtung der posierten Moralität und Fülle." Und im Anschluss an die Formulierung vom „Narrenspiel des Nichts" schreibt Tristan Tzara folgende Anleitung zum Machen eines dadaistischen Gedichtes: „Nehmt eine Zeitung / Nehmt Scheren. / Wählt in dieser Zeitung einen Artikel von der Länge aus, die Ihr Eurem Gedicht zu geben beabsichtigt. / Schneidet den Artikel aus. / Schneidet dann sorgfältig jedes Wort dieses Artikels aus und gebt es in eine Tüte. / Schüttelt leicht. / Nehmt dann einen Schnipsel nach dem anderen heraus. / Schreibt gewissenhaft ab / in der Reihenfolge, in der sie aus der Tüte gekommen sind. / Das Gedicht wird Euch ähneln. / Und damit seid ihr ein unendlich origineller Schriftsteller mit einer charmanten, wenn auch von den Leuten unverstandenen Sensibilität."

Diese einfache Handlungsanweisung liest sich wie eine Übertragung des Schumpeter'schen Theorems der „kreativen Zerstörung" auf die Dichtkunst. Auch der Wirtschaftstheoretiker sprach in seinen Überlegungen von einer „Rekombination", einer Zusammensetzung vorhandener Elemente und Stoffe zu einem neuen Produkt. Neu und anders ist bei Tzara die Methode der Erzeugung: An die Stelle dessen, wo im Barock die Regelpoetik, im 18. Jahrhundert das Temperament des Original-Genie, in der Romantik die Alchemie des Subjekts und im Symbolismus bzw. Expressionismus schließlich die Epiphanien der Großstadt standen, tritt nun ein Gott namens Zufall. Er ist grausam und gerecht zugleich, weil er gegen alle Einflussnahme oder Manipulation blind zu sein scheint. Und in dem ähnelt er einer Figur, die Friedrich Nietzsche in seiner Philosophie des Lachens auf den Thron setzt: den Äon, das spielende Kind mit den Würfeln, das mit jedem neuen Wurf eine *tabula rasa* erzeugt.

Man darf den ironischen Unterton nicht überhören, wenn Tristan Tzara schreibt, ein solcherart zusammengewürfelter Text würde „Euch ähneln". Gleichzeitig ist es den Dadaisten bitterernst mit dem Abgesang auf das Ernste, das Hohe, das Heilige, aus dem die Kunst letztlich hervorgehen würde. Die Botschaft des Nullpunkts bleibt doppeldeutig: Denn die wenigsten Dadaisten hören damit auf, Kunst zu produzieren, im Gegenteil. Vor allem die Riege im Cabaret Voltaire steigert sich in einen wahren schöpferischen Rausch, in dem wiederum eine völlig neue poetische Sprache entsteht: exotisch zuweilen, kindlich auf den ersten Blick, erfrischend spielerisch, auch wenn man heute schon den Staub der literaturgeschichtlichen Kanonisierung über Texte wie Hugo Balls „Karawane" oder Kurt Schwitters' Ursonate wegblasen muss, um ihren revolutionären Kern wieder zum Vorschein zu bringen.

Lektüren

Cogitos Fallstricke
Über Anselm Glücks erkenntnistheoretischen Roman „falschwissers totenreden(t)"

Anselm Glücks Literatur setzt ein als Schreiben über das Schreiben. Bereits sein Prosaerstling *stumm* (1977) widmet sich ausgiebig der poetischen Schreibprozessforschung. Konsequent fortgesetzt wird diese radikale Selbstbeobachtungspraxis in dem 1981 erschienenen Werk *falschwissers totenreden(t)*, ein Anagramm aus der Phrase „todernste Wissenschaftler". Dieses titelgebende Anagramm ist weitaus mehr als ein sprachfindiger Kalauer: Aus dem Graue-Maus-Kollektiv der todernsten Wissenschaftler schafft Glück eine gleichsam allegorische Figur der Schreib-Rede, einen auf Nachrufe und Abgesänge spezialisierten „falschwisser". Das klingt nach schwarzer Magie, nach Manipulation, in jedem Fall nach Devianz sowohl von ·der Wissenschaft als auch vom Todernst des Lebens. Der Falschwisser führt eine Partisanenexistenz zwischen allen Stühlen, und von dort aus redet er gleichermaßen ungehindert wie ungeschützt über die Lebenden und die Toten.

Der eigenen literarisch-philosophischen Partisanenhaftigkeit versichert sich Glück durch zwei kurze Zitate aus Oswald Wieners intellektuellem Partisanen-Manifest *verbesserung von mitteleuropa, roman* (1969), die den Möglichkeitsraum des Schreibens klar und deutlich abstecken: „was man sagen durfte, war belanglos; was man sagen konnte, war verpönt; was man sagen wollte, mißlang. / ... und die sätze rasselten wie ein kleiner jackpot, wenn einer mal die richtige kombination erwischt hat, und so sitze ich jetzt da und schreibe ..."

Auf der einen Seite also der radikale Zweifel an der Sagbarkeit, auf der anderen die Erfahrung des Schreibflusses, des Bewusstseinsstroms, durch den das Unsagbare aus dem Schreibenden hemmungslos hervorbricht.

Anselm Glück betreibt in *falschwissers totenreden(t)* elementare Schreib- und Bewusstseinsforschung. Konsequenterweise verleibt er sich gleich zu Beginn das Oswald-Wiener-Zitat für seine eigenen Zwecke ein: „und hier ich und da ein stoß papier und ich werde nicht aufhören zu schreiben ehe nicht jedes blatt davon vollgeschrieben ist jede seite ein ohr in das ich meine worte flüstern sagen singen und schreien will".

Die Seite als Ohr entspricht dem Mund als Glücksspielautomat bei Wiener. In gewisser Weise lässt sich aus dem Begriff/Namen „Falschwisser" jene Neigung zum Metonymischen erahnen, die den gesamten Text prägt. Der Prozess des Schreibens in *falschwissers totenreden(t)* ist durch und durch metonymisch, prozesshaft, (selbst-)kritisch. Glücks Selbstkritik zielt auf fundamentale Fragestellungen des Verhältnisses von Sprache und Bewusstsein und eröffnet einen schier unendlichen Raum der Reflexion, einen reichlich schwankenden Boden, in den der Falschwisser mit bemerkenswerter Sturheit seine Anker setzt.

„die worte einfach aufs papier werfen, sie zu gruppen ordnen, sie auf- und umteilen, sie dort und da anhäufen und sonst auf nichts achten. sie über den tisch gebeugt aus dem kopf in die hand und aus der hand aufs papier leiten und sie gleichzeitig, oder fast gleichzeitig mit den augen wieder aufsaugen und zu ihrem ursprung zurücklesen."

Das Schreiben ist eine mönchische Übung, ein Sich-Entleeren in einem elementaren Sinn; eine Anleitung, die dem Schreibprozess vorangestellt ist und diesen zugleich darstellt. Das schreibende Ich schottet sich von möglichen Ablenkungen ab, nur um sich in dieser höchsten Konzentration vollkommen auflösen bzw. verwandeln zu können: „und immerfort gegen die trägheit ankämpfen und gegen das lauern draußen und von zeit zu zeit schritt für schritt zu den grafitspuren werden, die sich mit leisem kratzen, wie flüstern, wie plätschern, wie murmeln und raunen ein dünnes bett die zettel graben, in dem ich im darüber-hingleite und vorübergehend ruhe finde. manchmal gelingt mir das und weder hunger noch durst, weder müdigkeit noch kälte oder lärm kann mich ablenken oder gar aufhalten."

Übergangslos wechselt die infinitive Sprache der Übung in die reflexive Sprache des Ich. Der Text ist bei jener Instanz gelandet, die den Schauplatz für das phantastische Theater bildet, das nunmehr vor dem inneren Auge abläuft. „Ich werde mich nicht müde werden lassen", schreibt Kafka einmal in sein Tagebuch, und etwas von der erleuchteten Selbstdisziplin schimmert auch in Anselm Glücks ersten Sätzen durch. Der Autor gibt dem schreibenden Ich in der Folge einen Ort: „aber nein, es ist keine wohnung, es ist nur ein zimmer", heißt es im Text, und dieser Satz evoziert sofort Abgeschiedenheit, Weltabgewandtheit, Reduktion. Hier also „spielt" der Text, der zunächst aus nichts anderem besteht als aus der Schilderung einer geradezu manischen Produktion. Das „Ich" schreibt Zettel um Zettel voll, nur um sie anschließend in Plastiksäcke zu verpacken und zu entsorgen – wobei es, wie das „Ich" versichert, zu einer endgültigen Entsorgung noch niemals gekommen ist. Die Mischung aus Verzweiflung und Komik lässt an Figuren von Samuel Beckett denken – den Tonbänder vollsprechenden Krapp etwa oder die namenlosen Stimmen aus den späten Prosatexten *mal vu mal dit* oder *Worstward Ho*, die aus nicht viel mehr bestehen als aus der knöchernen Poesie eines existenziellen Protokolls.

Ein schreibendes Ich, ein Zimmer, dessen Einrichtung sich auf Sofa, Tisch und Sessel beschränkt, und Berge von Papier sowie Stapel von Büchern, die den Radius des „Ich" bedrohlich einengen: Die Atmosphäre, die in dieser ersten Szene entfaltet wird, suggeriert Klaustrophobie. Falschwissers größtes Problem ist allerdings ein anderes: „manchmal glaube ich genau zu wissen, wie ich worte hinsetzen müßte, damit es mir gelänge, den dingen nahezukommen und sie auszudrücken und sie hier auf das papier zu bannen, systeme schweben mir vor und ausdrucksmöglichkeiten bieten sich an, aber der eigentliche gedanken- und sprachfluß bleibt aus, weil ich nicht weiß, worauf ich ihn richten soll." Das Ich zieht aus diesem protopoetischen Stadium eine basale Erkenntnis: keine Form ohne Inhalt. Das Bewusstsein ist immer intentional, auf etwas gerichtet. Falschwissers Partisanenstrategie besteht nun darin, diese Richtung umzukehren und poetisch in den präintentionalen Raum vorzustoßen. „die worte formieren sich dann nur in mir, sie bleiben aber stumm und lassen sich, weil sie nichts haben, in das sie eindringen können, nicht aufs papier bringen. ich zerknülle leere seiten und schmeiße sie gegen die wand. und manchmal wiederum glaube ich, mir alles erklären und vom leibe reden zu können, jede situation, jedes bild in meinem kopf verdichtet sich zu einem beispiel und erscheint mir mit allen möglichen bildern und situationen verknüpft, sodaß es nur noch der worte bedürfte, um den ganzen gedankenhaufen ein für alle mal loszuwerden. aber wenn es darauf ankommt, sind es ausgerechnet die worte, sind es ausgerechnet die systeme und ausdrucksmöglichkeiten, die mir fehlen, um auch nur eine einzige dieser situationen tatsächlich sichtbar zu machen."

Auf die Inkubation folgt die Implosion, die Unfähigkeit, irgend etwas Verständliches auszudrücken. Die Intentionalität des Sprach- und Gedankenflusses richtet sich konsequenterweise ausschließlich auf sich selbst: „Autopoiesis" nennt das die konstruktivistische Theorie. „Die allmähliche Verfertigung der Gedanken beim Reden" nannte es der Proto-Konstruktivist Heinrich v. Kleist. Beim „Falschwisser" muss man allerdings von einer allmählichen Dekonstruktion der Gedanken sprechen. Das poetische Ich schwillt in dem Ausmaß an, in dem seine Wahrnehmungen sich in ihre elementaren Bestandteile auflösen. „da zieht es mich hinein und im handumdrehen stecke ich mitten im wortmagma, mitten im buchstabenlabyrinth, mitten im bedeutungsirrgarten, und im gedankenspiegelkabinett fetzt es mir nur so um die ohren, das lachen, zum beispiel hämisch, und das grinsen zum beispiel und das höh-

nen, denn überall höhnt es rundum. – aber ich habe mich hinreißen lassen."

Was für ein hinreißender Auftakt, und noch ist nicht das Ge-
ringste passiert, außer einigen elementaren metonymischen Bewegungen, die umso tiefer in die Aporien des Schreibens
führen. Alles, was folgt, ist ohne diesen Auftakt nicht zu denken. Das Metonymische betrifft sowohl die Mikro- als auch die
Makrostruktur des Textes: Das Eigentliche ist nichts anderes als
eine ständige Verschiebung, eine unendliche Folge von Auto-
Dekonstruktionen. „Wo Ich war, soll Es werden", könnte man
in Umkehrung des Sigmund-Freud-Zitates vom Falschwisser
sagen. „Es" meint das „wortmagma", das das schreibende Ich
nun mit Fetzen von Geschichten überflutet. Jeder Satz eine
Konstruktion, die ihren Produktionscode gleichsam in sich mit-
führt: „ffffh sagen wir, aber nein, sagen wir sagen wir sagen wir
jetzt nicht mehr, ffffh, was für eine geschichte." Was für eine
Geschichte, die sich da unterirdisch entfaltet: ein skurriler Splat-
ter-Plot mit beißwütigen U-Bahntüren, todesmutigen Wienern
und schaulustigen Touristen; ein experimentell aufgebrochenes
Genre-Stück mit Ähnlichkeiten zu *purim. ein fest*, dem Bra-
chial-Kapitel aus der *verbesserung von mitteleuropa*. Die Szene
scheint von derselben distanzierten Komik getragen wie Wieners
fantastisches Theater der Grausamkeit.

Aber der Falschwisser hat sich hinreißen lassen und weiß es
natürlich besser. Den Geschichten lieber nicht allzu sehr ver-
trauen, denn sie strotzen vor Idiosynkrasien, blinden Flecken
und haarsträubenden Gemeinplätzen. Wenn gar nichts mehr
geht: lieber zurück auf das Sofa, diesen janusköpfigen Ort –
„zuflucht und falle". Die allmähliche Auflösung der Gedanken
zwischen Sofa und Tisch, wo sich der Falschwisser am Ende
doch nur in die nächste prekäre Geschichte retten bzw. verlieren kann: „es war zu beginn meiner gefangenschaft. –" Was
für ein erster Satz, hingerotzt auf Seite 32, mitten in ein Ge-
dankengebirge aus unüberbrückbaren Widersprüchen. Der
Ton wechselt radikal, wird geradezu klassisch, distanziert und
intensiv. Der Satzbau folgt nun einer verschachtelten Archi-

tektur (Kleist!), die nie den suggestiven Rhythmus verliert, der den Text tragen und vorwärts treiben wird (Kafka!). „ich lag damals, zu beginn meiner gefangenschaft, nackt in einem leeren, fensterlosen zimmer, das vielleicht gar kein zimmer, sondern ein großer kasten war und der vielleicht neben anderen solchen kästen, in denen vielleicht andere gefangene lagen, in einer halle stand. alles, der boden, die wände und die decke des zimmers oder kastens, war weiß und obwohl keine lichtquelle zu sehen war, grell ausgeleuchtet." Die Black Box als White Cube: ein neuerlicher Verweis auf die metonymische Grundstruktur dieses poetischen Zerrspiegelkabinetts, in dem alles bis zur Unkenntlichkeit verwandelt wiederkehrt.

Die unerträgliche Lebenssituation des Gefangenen steht im eklatanten Widerspruch zum geordneten und reflektierten Duktus seiner Sprache. Diese methodische Selbstdistanzierung ist verwandt mit jener Art von Überlebensstrategien, die aus Berichten von Gefangenen und Folteropfern bekannt sind. Man könnte das dialogische Gefangenenbuch *Wie Efeu an der Mauer* der uruguayischen Regimegegner Mauricio Rosencof und Eleuterio Fernández Huidobro anführen, die über viele Jahre hinweg mittels Klopfzeichen eine Kommunikation zwischen ihren benachbarten Isloationszellen aufrechterhielten, oder auch Jan Philipp Reemtsmas Bericht *Im Keller*. Reemtsmas Beschreibungen des Schrittezählens an der Fußkette während seiner 33-tägigen Gefangenschaft im Jahr 1996 weisen gewisse Parallelen zur Gefangenen-Episode der „totenreden(t)" auf. Tief taucht das Gefangenen-Ich ein in die Exerzitien des Ich-Verlusts, der die Mönchszelle mit der Einzelhaft verbindet. Es kann sich nur retten, indem es sich in ein selbst-loses Cogito verwandelt. Dieses hellwache Cogito bildet ein cartesianisches Bollwerk gegen den alten metaphysischen Schwachpunkt namens Körper: „ein gebiet, in das ich ein vordringen der müdigkeit verhindern muß, weil es sich nicht mehr in meinem körper befindet – in den armen nicht und nicht in den muskeln und den gelenken –, sondern in meinen gedanken und empfindungen."

Das schreibende Cogito erweist sich bei genauer Betrachtung jedoch nicht mehr bloß als weitere Epiphanie des cartesischen Geist-Körper-Dualismus. Vielmehr entwickelt es sich zu einem experimentellen Mind-Body-Interface, aus dem ständig Expertise fließt. „als unzulängliches, aber immerhin brauchbares mittel, um die wege, die eine bewegung vom kopf aus in die muskeln und gelenke nimmt, ehe sie dort, am ende einer gedanken- und reaktionskette, tatsächlich als bewegung auftreten und frei – und sichtbar – und spürbar werden kann, nicht merken zu lassen, daß sie unnütz geworden sind, hat sich das wiederholte inbereitschaftrufen aller zum bewegen nötigen nerven und gedanken erwiesen." Im Konflikt zwischen Geist und Körper greift der Falschwisser auf die Metonymie als Partisanenmethode der Analyse von Wahrnehmungs- und Empfindungsprozessen zurück, eine Strategie, die Oswald Wiener über seine literarische Versuche verzweifeln und in die Kybernetik flüchten ließ. Der Falschwisser hingegen weiß selbst den Zustand der absoluten erkenntnistheoretischen Erschöpfung noch aufs Korn zu nehmen: „manchmal wünsche ich, ich hätte nicht damit angefangen, über mich und meine gefangenschaft nachzudenken. ich könnte dastehen und in aller ruhe ermüden und absterben und langsam zu einem leblosen bestandteil meiner leblosen umgebung werden, zu einem farblosen fleck in diesem quadrat. (…) blicklos und taub, keine empfindung, keine farbe, kein ton, nichts mehr müßte etwas bedeuten, nichts mehr einen namen haben und mit etwas anderem in verbindung stehen und ich könnte mich, jetzt gleich, in dieses freundliche nichts stürzen wie in eine stumme see und alles vergessen."

Das selbstlose Cogito aber stirbt niemals ab. In einem monumentalen literarischen Traumbericht erhält das stetig strömende Es schließlich einen totemistisch anmutenden Namen: „hamani" lautet der Refrain einer Ekstase, in der schier alles an Trieben und Kräften freigesetzt wird, was ein nächtlicher Ich-Austritt hergibt. „wie ein fremder in der eignen haut, (…) versenkt in ein (noch) warmes grab, gleichzeitig aber entwand ich mich, atemzug für atemzug, auch schon mir selbst, langsam trieb ich von mir ab (…) kalt und unbeteiligt aber drehte ich mich von mir weg und ließ mich einfach liegen." Auf die sensorische Deprivation der Isolationshaft folgen nun heftige Geist-Körper-Schnittstellen-Zusammenstöße. Das Cogito wird zum Schauplatz wildester Umwälzungen: „und es schafft aus sich selbst, schaukelt und gaukelt, vermengt sich in mir, kommt, setzt sich, platzt, explodiert, und bruchstücke überlappen einander, erinnerungen tauchen auf, entleeren sich, füllen mich aus, stopfen mich voll, berauschen, verwirren, haften, entfliehen. (und klingen, erwach ich, eine zeitlang noch nach.)"

Angesichts dieser ekstatischen Erschütterung beginnt der Falschwisser von vorne damit, sich zu belauschen, zu belauern, abzutasten und hinter jedem „eindruck, der da neu in mir herumstand", herzujagen. Doch „hamani" ist größer, stärker, umfassender als alles, was ein insuffizientes Ich jemals an Selbstkontrolle aufbieten könnte. „plötzlich war es überall entstanden, langsam erst und scheinbar nur so nebenher, gut vorbereitet freilich und getarnt und deshalb dann erwartet, wie ein heil, und angenommen dankbar und mit zuversicht, geradeso wie etwas, an das man sich in schweren zeiten klammern kann. sie nannten es ‚hamani' und sprachen es wie singsang aus und es war schnell in aller munde." Glück skizziert in wenigen Sätzen den zutiefst ambivalenten Charakter eines kollektiven Heilsversprechens, das „nicht mehr nur zuflucht, sondern mehr schon waffe" ist. Die Unheimlichkeit des Pfingstwunders schwingt darin genauso mit wie archaische Ekstase-Rituale oder die Massenmanipulationen totalitärer politischer Bewegungen. In diesen abgründigen Tanz werden wir nun an der Hand des Falschwissers hineingezogen. Es handelt sich um den Moment, wo vielleicht am deutlichsten überhaupt die Welt in die winzige Zelle des Falschwisser'schen Bewusstseins eindringt und es ihn aus den kognitiven Mustern seines Solipsismus herausreißt. Er landet mitten in den zerstörten Landschaften des Krieges, mitten im Horror der Ausweglosigkeit. Die konkreten Vorkommnisse verdichten sich im (Alp-)Traumgeflecht rasch zu surrealen Gemälden der Gewalt: „verzweifelte, die über minenfelder rennen, exekutionskommandos, die unter freiem himmel fleißig sind und ein orchester, das in sträflingskleidung vor duschbaracken walzer spielt. und junge männer, die augen starr, die körper ausgeblutet, von ihren menschenbrüdern im zeichen der weltweiten menschenverbrüderung gemartert, aufgeschlitzt und weggelegt."

Auch dorthin schaut der Falschwisser, ehe er sich wieder zurückzieht in sich selbst und über den Prozess des Entstehens von sprachlichen Bildern und Ausdrucksformen reflektiert. „wie es erzählen?", fragt er sich erneut auf Seite 91, „wie das geschehen, wie den traum, wie die bilder und zustände durch meine sprache pressen, oder wie die worte in das geschehen treiben, damit sie die bilder auskleiden und anhalten und in einer bedeutung erstarren lassen, die der wirklichkeit entspricht?" Anhand dieser Formulierung lässt sich das nie versiegende Misstrauen gegenüber dem Prozess des (literarischen) Schreibens deutlich ablesen: „pressen", „erstarren lassen", das klingt alles nicht danach, als würde dem Falschwisser eine rechte Freude aus dem Fluss der sprachlichen Produktion entspringen. Kurze Zeit später jedoch überkommt es ihn wieder: „unter der lampe, über den zetteln blicke ich von der arbeit auf, oder nicht einmal das, zwischen zwei sätzen, zwischen zwei worten, zwischen dem ansetzen und dem fertigschreiben eines buchstabens klafft dieser unbestimmte sog in mich hinein und hebt mich aus der sprache raus und zieht mich dumpf und verspricht mir etwas, flüstert mir was ein. schon zittert es in mir, unruhe schreckt auf, es schiebt sich etwas und ich brenne. hals über kopf verlasse ich das haus." Auf der einen Seite eine Sprache, die zum „Erstarren" bzw. „Anhalten" neigt, und auf der anderen Seite ein „unbestimmter sog", dessen Versprechen sich ebenso verlockend wie bedrohlich äußert: unbeschränkte, ununterbrochene Bewegung um den Preis einer erschreckenden inneren wie äußeren Unruhe. Die dem Falschwisser daraus erwachsende Spannung entlädt sich in einem Akt mystischer

Selbstüberwindung ins Universum: „auf einmal fand es statt, eine sekunde, weniger, mehr, ich weiß es nicht, einen augenblick lang konnte ich es sehen: alles war eins und ging auch eines in das andere über, so war eben alles nur ein übergang und ich erstarrte und er stellte sich mir dar."

Zur Beschreibung eines solchen Zustandes verfügt die christliche Theologie über einen kanonisierten Begriff, nämlich den der Offenbarung. Auch auf der inhaltlichen Ebene deckt sich diese Erfahrung mit Erweckungszeugnissen aus der christlichen Tradition. Diese vermitteln sich meist durch einen Akt der außersprachlichen Überwältigung, was den Kern ihrer Botschaft entrückt und schwer übersetzbar macht. In der christlichen Mystik des Mittelalters führte dies zu einer Verschiebung der Funktion der Sprache als Medium der unmittelbaren Zeugenschaft hin zu einer poetisch-philosophischen Abstrahierung, die in den Schriften von Meister Eckhardt ihre höchste und eigenwilligste Form fand.

In den Reflexionen des Falschwissers vollzieht sich eine ähnliche Wendung. Seine Sprache beginnt befreit aufzuleuchten, ohne ins Delirium zu kippen. Der traumgebeutelte Falschwisser schreckt immer wieder aus den verschiedenen medialen Zuständen auf und findet sich nackt auf seinem Sofa wieder. Aber es gibt eben auch eine Spur des Lebendigen, die weiterläuft und wächst, ohne dem alles verschlingenden Wüten des „hamani"-Zaubers völlig zu erliegen. Am Ende landet der Text wieder bei seinem Ausgangspunkt, der schreibend-reflektierenden Selbstbeobachtung, erweitert um den gesamten Erfahrungsschatz einer radikal introspektiven Odyssee: „und so stand ich, und so sah ich mich stehen, und so bewegte ich mich, und so sah ich mich mich bewegen, und"

„*Das Leben indes macht ohne große Sprüche weiter*"
Zu Erwin Einzingers Kunst der universalen Verknüpfung

Die literarischen Texte des 1953 geborenen Schriftstellers Erwin Einzinger basieren auf der poetischen Syntax eines höchst aufmerksamen, umfassend belesenen, aber von jeglichem Klugscheißer-Dünkel freien Autors. Einzingers Universalität liegt in seiner voraussetzungslosen Neugier, gepaart mit oberösterreichischer Alltagserdung.

Ähnlich wie er seine Texte verfasst, wird der Gymnasialprofessor Einzinger wohl auch mit seinen Schülern reden, mit den Nachbarn und Kremstaler Wirtshausbrüdern und -schwestern, so stelle ich es mir jedenfalls vor. Ja, ich stelle mir Erwin Einzinger als verschmitzten Ureinwohner des Kremstals vor, der beim Einkaufen, über den Gartenzaun, im Wirtshaus oder im Konferenzzimmer gleichsam en passant eine wunderliche Geschichte nach der anderen von sich gibt. Zuweilen wird ihm dabei vielleicht bornierter Argwohn begegnen, mehr aber noch Faszination dafür, dass er mit jeder seiner Geschichten die Tür zu einer anderen Welt aufstößt – jede für sich genauso normal, verschroben, unheimlich und von unberechenbarer Kontingenz („Freund Zufall", wie Einzinger selbst das in der *Geschichte der Unterhaltungsmusik* jovial nennt) wie das Kremstal selbst. Und auf die eine oder andere Weise werden sie ihn wohl alle mehr oder weniger verstehen und zugleich genauso schwer zu fassen kriegen wie jene Kollegen, Germanisten und Kritiker, die sich mit seinen Texten beschäftigen. Seltsam, komisch und verrutscht seien sie, die Einzinger-Tage, schreibt Leo Federmair, und Karl-Markus Gauß bekennt freimütig, dass er keine Ahnung habe, worum es in Einzingers wildwüchsiger Prosa eigentlich gehe. „Aber ich vermute: um nichts weniger als alles", setzt er anerkennend hinzu.

Wer Einzinger liest, muss zunächst alle Hoffnung fahren lassen, sich an Dingfestem anhalten zu können angesichts der Überfülle an Handfestem. Mit dem ersten Wort setzt ein reißender Fluss an Bildern, Episoden und Gedanken ein, dem die Form des Gedichts, des Romans, ja des Buchs nur notdürftig gerecht wird. Eher schon wären voluminöse Stoffballen oder Endlospapier geeignet, diesen Strom aufzufangen. Einzingers Texte haben etwas unfassbar Selbstverständliches. Er ist ein „Weltensammler", genauer noch ein Weltenverknüpfer, wie allein schon der großartige Buchtitel *Von Dschalalabad nach Bad Schallerbach* andeutet. Was könnte einen Reisenden vom afghanischen Dschalalabad, dem Ausgangspunkt zahlreicher Drohnenoperationen der US-Truppen, in den beschaulichen Thermalkurort Bad Schallerbach bei Wels führen? Einzingers Buch gibt darauf keine eindeutige Antwort, liefert stattdessen aber einen uferlosen Reigen an geradezu schamlos miteinander in Verbindung gesetzten Mikrokosmen. Ebenso fürstlich belohnt wird, wer in sein Werk *Aus der Geschichte der Unterhaltungsmusik* eintaucht, das selbstverständlich keineswegs das enthält, was der Titel verspricht, dafür aber die wuchernde Enzyklopädie eines Privatgelehrten, der seine Recherchen mit sagenhaft fröhlicher Wissenschaftlichkeit betreibt und es zum Prinzip erhoben hat, nicht beim Thema zu bleiben und dennoch oder gerade deshalb immer wieder zum hypothetischen Ausgangspunkt zurückzukehren.

Was aber hält diese Kompendien der literarischen Ausschweifung zusammen? Eigentlich nichts, wenn man dem Germanisten Klemens Renoldner folgt, der dessen Methode völlig zurecht als sagenhafte „Sprunghaftigkeit" benennt. Aber obwohl Einzinger sowohl in seiner Prosa als auch in seinen Gedichten auf die Entwicklung einer Handlung, einer Figur oder eines „Leitmotivs" verzichtet, sind seine Texte weder beliebig noch willkürlich. Sie scheinen über ein spezielles „Vinculum", ein Bindeglied, oder, um es zeitgenössischer zu formulieren: einen Link zu verfügen, der das zunächst ungreifbare literarische Subjekt der Texte bildet. In den Prosakonvoluten tritt diese Instanz häufig in Form von (un-)scheinbaren Stehsätzen, Gemeinplätzen oder Nebenbemerkungen auf. Ein Beispiel wäre etwa folgender Satz: „Das Leben indes – so schwer es sich im einzelnen benennen und beschreiben läßt – macht ohne große Sprüche weiter", der sich in der *Unterhaltungsmusik* (S. 228) findet. Der Satz könnte an jeder Stelle des Buchs auftauchen und hat an genau dieser einen Stelle die Funktion, zwei zunächst voneinander getrennte Geschichten (Orte, Zeiten) zu verbinden. Es ist ein recht schnoddriger Satz, der von einer Szene „in den südafrikanischen Suurbergen" zu einem Schauplatz „am nördlichen Rand der Alpen" überleitet. Die darauf folgende Geschichte wiederum hebt mit der präzisen Zeitangabe „sechzehn oder siebzehn Stunden später" an, ohne dass uns freilich der Zeitpunkt bekannt gegeben worden wäre, von dem aus wir diese Rechnung anstellen könnten. Einzig der vorangegangene vage Verweis auf die „schillernde Gegenwart" gibt eine ungefähre Orientierung. Die drei miteinander verbundenen Geschichten sind zudem von so lässig ausgestellter Beiläufigkeit, dass sich der auf Spannung und Signifikanz konditionierte Leser wohl fragen wird: „Warum wird mir das alles und vor allem in dieser Reihenfolge erzählt?" Ein kotzender Busfahrer in den Bergen bei Lesotho, eine osteuropäische Reinigungskraft in der Ordination eines Nervenarztes, die bei ihrer Tätigkeit Allerweltseinsichten vor sich hin denkt, und ein (man verzeihe mir die derbe Paraphrase) muschischleckender Mann auf einer Forststraße „hoch über einem Tal" samt einschlägigem akustischem Szenario – und ein scheinbar allwissender Erzähler, bei dem, wie es so schön heißt, alle Fäden zusammenlaufen.

Nicht nur an dieser Stelle lässt Einzinger, um es mit einer Redewendung aus dem Oberösterreichischen zu fassen, den Leser „einem Narren gleichschauen". Der Verweis auf das „ohne große Sprüche" weitermachende Leben scheint ihm als Legitimation für die rasende Aneinanderreihung der Ereignisse vollends ausreichend. Auf den ersten Blick passt das alles zwar weder vorne noch hinten zusammen, aber genau das wird auch nirgendwo behauptet. Genauer gesagt: Diese vermeintlichen Schablonenscharniere, diese schnoddrigen Bemerkungen über das Leben, die Gegenwart oder die sechzehn, siebzehn Stunden später machen explizit Schluss mit dem konstruierten Bemühen um Plausibilität oder gar um kunstvolle Gestaltung von Ähnlichkeiten, Zusammenhängen oder Parallelen in den Übergängen. Einzinger geht es um etwas anderes als das, was man in der Semiotik die „Überdeterminierung" eines Zeichens nennt. Sein Handwerk der Überdetermination entsteht in gewisser Weise seriell oder syntagmatisch. Die gleichsam ins Unendliche laufende Verknüpfung der Assoziationen ist die genuin Einzinger'sche *complicatio*, sein permanentes Weltein- und wieder -ausfalten, das der ordnenden Hand eines genialen Strippenziehers ohnehin immer schon einen Schritt voraus gewesen sein wird. Insofern enttarnt sich der vermeintliche Gestus des allwissenden Autors in Phrasen wie: „Nun aber in die schillernde Gegenwart" oder „An dieser Stelle nun ein kurzer Blick zurück" als gewitzt-verschmitzte Moderation auf der Schleuderbahn eines lebensgroßen Lunaparks.

Und Einzinger kann es nicht nur in den Übergängen, wie folgender Satz zeigt: „Jemand, der als Kind mit einer selbstgebastelten Faschingslarve durch seinen Heimatort gestiefelt ist, liest in einem vor einiger Zeit in den USA erschienenen Buch, daß der Schaum sämtlicher an den Küsten der Erde brechenden und auslaufenden Wellen insgesamt etwa eine Fläche bedecken würde, die ziemlich genau derjenigen des nordamerikanischen Kontinents entspräche, und kurz ist ihm, als könnte diese Information seinen Blick auf die Erscheinungen des Alltags neu beleben." (*Unterhaltungsmusik*, S. 220) – Wieder dieses irritierend souveräne Ineinanderflechten von Unbestimmtheit und Genauigkeit, von Allerwelts-Weitwinkel und Mikroskop-Perspektive: Der Autor pflegt zu seinen Figuren ein Verhältnis, das auf dem Paradox eines diskreten Voyeurismus beruht. Die Neigung zum Ausplaudern intimer Momente, Leidenschaften oder peinlicher Situationen (Stichwort: Muschischlecken) findet ihr Korrektiv in der Haltung einer zurückhaltenden Äquidistanz. Nichts wird über Gebühr ausgeleuchtet oder breitgewalzt, denn irgendwo da draußen lauert ohnehin schon die nächste berichtenswerte Erstaunlichkeit.

Ist Erwin Einzinger eine Art Johann Peter Hebel der Gegenwart, der die konzentrierte Dynamik der Kalendergeschichte in das Zeitalter des Hypertexts zu übersetzen vermag? Oder ist er eher ein Wiedergänger von Robert Walser, ein flanierender „Stierler" in den vermeintlichen Randzonen des Geschehens und der Aufmerksamkeit? Auch in den Texten des großen Schweizer Einzelgängers – zumal jenen, die er in den ersten Jahren seiner Internierung in einer Anstalt für psychisch Kranke in mikroskopisch kleiner Schrift auf irgendwelche Zettel kritzelte – verliert sich die Kontur eines „starken" Autoren-Ichs zugunsten eines fließenden, zuweilen sprung- und rätselhaften, gleichsam improvisierenden Schreibens. „Edith liebt ihn. Hievon nachher mehr", lauten etwa die ersten beiden Sätze seines Roman-Fragments *Der Räuber*, und von Anfang an ist klar, dass es wohl nie dazu kommen wird, sehr viel mehr über die Liebe Ediths zum Räuber in Erfahrung zu bringen. Dafür entfaltet sich ein unaufhörlicher Strom an Gedanken, der – in diesem Sinn tatsächlich ein bedeutender Einzinger-Vorfahre – sich selbst ständig mit Sätzen wie „Ich will auch rasch noch dieses sagen" ins Wort fällt, nur im nächsten Augenblick das Erzählen mit umso größerem Karacho voranzutreiben.

Einer wie Walser hätte wohl nicht wenig geschmunzelt über den ersten Satz des Gedichts „Die Litanei des Messers" aus dem Band *Kleiner Wink in die Richtung, in die jetzt auch das Messer zeigt* (S. 109): „Was alles ebenfalls gern einmal vorkommen mag:", gefolgt von einer Aufzählung von Dingen, Ereignissen, Zuständen, Sinneseindrücken und wahrlich surrealen objets trouvés, die keine wie auch immer verfasste Ordnung zu bändigen imstande wäre. Das furiose Nebeneinander von einander eigentlich ausschließenden Formen, Kategorien und Gestalten erinnert an jene „gewisse chinesische Enzyklopädie", die Jorge Luis Borges in einem seiner Essays zitiert und von der Michel Foucault im Vorwort zu seinem Werk *Die*

Ordnung der Dinge behauptet, sie habe ihn zu seiner Arbeit über das Verhältnis zwischen Sprache und Dingen erst angeregt. Besagte Enzyklopädie listet eine Ordnung der Tiere auf, in der solche, die dem Kaiser gehören, neben einbalsamierten oder solchen, die mit einem Pinsel aus Kamelhaar gezeichnet sind, gleichberechtigt nebeneinander existieren. Foucault spricht in seiner Würdigung dieser Aufzählung von der „schieren Unmöglichkeit, das zu denken" (S. 17). Ähnlich haltlos hätte ihn wohl Einzingers Litanei zurückgelassen, in welcher „Der Waldvogel, der das ganze Gepäck heran-/Schleppt, durchsichtig & spritzfest. Das Omelett / Für den saudummen Pudel aus Philadelphia" ebenso aufgezählt werden wie „Elmos wirre Aufzugs-Theorie" oder „Der in typischer Goldgräberstimmung sinnlos durch / Stumme Vorbehalte rudernde Arm".

In seinen Gedichten betreibt Einzinger diese fulminante Poetik der Abschweifung zuweilen noch virtuoser und dichter als in seiner Prosa. Dabei stoßen wir auch in der Lyrik auf die ebenso bescheiden wie frech hingeworfenen Verknüpfungs-Phrasen: „Stunden später hieß es" etwa oder „Ja, auch das ist richtig". Sie halten zusammen, was in seiner Tendenz zum Überborden von keiner auch noch so elastischen lyrischen Form in Zaum gehalten zu werden vermag. Konsequenterweise dominiert auch die Langzeile, die Einzinger'sche Lyrik ist ebenso sehr dem Prosagedicht verpflichtet wie die Prosa dem poetischen Einfallsreichtum. Nur ein kurzes Beispiel für eine sämtliche möglichen und unmöglichen Bedeutungsebenen verwebende Satzperiode aus dem Gedicht „Langsam fällt der Groschen" aus dem Band *Barfuß ins Kino* (S. 19):

Je zerknallter die Bestandteile einer gut im Bestehenden ein=
Zementierten Existenz sich für den einzelnen anfühlen mögen,
umso
Weniger sei da mit analytischem Gerede auszurichten, entnahm die
Frühere Fachkraft für Orangeriekultur in Oberpfälzer Klöstern
Einem Standardwerk der Erkenntnistheorie, dessen Umschlag von
Säureflecken, Teigspritzern & dergleichen verunstaltet war.

Einzinger modelliert hier in sechs Zeilen eine Szene, die in gewisser Weise „nicht mehr und nicht weniger als alles" enthält, um es noch einmal mit Karl-Markus Gauß zu sagen. Kein Standardwerk der Erkenntnistheorie wäre in der Lage, einen solchen Satz hervorzubringen. Dies verhindert allein schon die in solchen Werken übliche Beschränkung auf Fachterminologien bzw. auf eine „reine" Sprache der Theorie. Die Bewegung der Argumentation würde zudem vom Konkreten zum Abstrakten verlaufen, also genau umgekehrt. Einzinger hingegen betont in der Gestaltung dieses Satzes auch die Gleichwertigkeit von Theorie, rezipierendem Subjekt und konkreter materieller Erscheinung des Werks (Säureflecken, Teigspritzer). In gewisser Hinsicht spiegelt sich auch hier alles in allem anderen – nicht zuletzt die „zerknallte Existenz" im „befleckten" Buch.

Auf diese Weise findet sich also in fast allen seiner Gedichte auch die Essenz seiner poetischen Weltanschauung. Im Akt des Schreibens entfaltet sich ein Raum des Zusammenhangs, ein poetisches Kontinuum, in dem die äußersten und die innersten Punkte gleichsam zusammenfallen. Was zunächst oft wie ein absichtsloses Aufsammeln von buchstäblich vereinzelten Lumpen wirkt, erzeugt im Gedicht ein mikrokosmisches Kaleidoskop, in dem das weiße Rauschen sich stets in spektrale Emanationen des Alltäglichen verwandelt.

Frühe Wunden
Zu Alfred Kolleritschs Roman *Allemann*

Alfred Kolleritschs Roman *Allemann* (1989) entwickelt sich entlang einer Kette von Erlebnissen, Erfahrungen und Konstellationen, die der Autor aus der eigenen Biographie schöpft: Ein Bub im Volksschulalter wächst in die Machtübernahme des Nationalsozialismus und den Zweiten Weltkrieg hinein, zunächst in der steirischen Provinz und später, nach erfolgtem Schulwechsel, in einem Internat in Graz. Die Erzählung des Romanes reicht von der Kindheit am Land zwischen Naturidylle, familiärer Behütung und ersten Erfahrungen erzieherischer Grausamkeit bis zur systematischen Disziplinierung im geschlossenen System des Totalitarismus bzw. dessen gewaltsamer Auflösung im Bombenhagel der Luftangriffe durch die Alliierten. Der Text begleitet das literarische Alter Ego des Autors, den Protagonisten Josef Algebrand, durch die Hölle des Aufwachsens im ständigen Ausnahmezustand. Wie der Name andeutet, ist Josef ein buchstäblich gebranntes Kind, von allen Seiten unerträglichen Widersprüchen ausgesetzt, die sich durch die pädagogische Bearbeitung langsam ins Innere des Knaben fressen.

Autobiographisch verbürgt sind die Hauptstränge des Romans durch zwei Referenztexte, die sich in dem 1985 erschienenen Prosaband *Gespräche im Heilbad* finden. Während Kolleritsch im Essay *Von der Unwahrheit der Wahrheit* die Titelfigur des Romans als bis hin zum scheinbar sprechenden Namen aus der Wirklichkeit stammenden Charakter ausweist, macht die Erzählung *Von der schwarzen Kappe* in der Figur des Oberlehrers einen Vorreiter der nationalsozialistischen Erziehungsmaschinerie in der eigenen Biographie dingfest.

Die Beschäftigung mit dem Roman *Allemann* muss sich dieser vom Autor selbst gelegten Spuren vergewissern, um einen Blick für die literarischen Qualitäten des Textes zu erhalten. Denn Alfred Kolleritsch verzichtet auf eine reine Form der Erzählung. Weder schlüpft er als Erzähler eindeutig und vollständig in den kindlichen Protagonisten, noch verfällt er darauf, die Geschichte als abgeschlossenen Entwicklungsroman ablaufen zu lassen. Anstelle dessen entpuppt sich der Roman *Allemann* als multiples poetisches Geflecht, das zwar unentwegt um den Knaben Josef Algebrand kreist, das allerdings nicht bloß autobiographisch erinnert, sondern reflektiert, und das in jener vielschichtigen Bedeutung, die diesem Verb innewohnt: Spiegelung, Rückbesinnung, Brechung.

Den Auftakt des Textes bildet eine Rahmengeschichte, deren Hauptfunktion darin liegt, den Roman mit der Gegenwart des Schreibprozesses zu verknüpfen. Diese Gegenwart erweist sich als Wiederauferstehung der Vergangenheit, genauer gesagt als Sittenbild, das auf die unheimliche, sprachlos machende Präsenz dieser Vergangenheit zielt. Der Autor datiert den Zeitpunkt mit dem Jahr 42 nach Kriegsschluss, also 1987. Es liegt nahe, sich noch einmal vor Augen zu führen, inwiefern die Entstehungszeit von *Allemann* einen Wendepunkt im zeitgeschichtlichen Selbstbild Österreichs markiert: 1986 könnte man als Aufstand der Lemuren bezeichnen, denn dieses Datum ist untrennbar mit der so genannten Waldheim-Affäre und mit dem Beginn der politischen Karriere eines gewissen Jörg Haider verbunden. Erinnern wir uns an die Quasi-Pogromstimmung, mit der der als liberal geltende damalige FPÖ-Vorsitzende Norbert Steger am Parteitag in Innsbruck gleichsam weggeputscht wurde und einem Jungpolitiker Platz machen musste, der aus seiner Herkunft aus dem so genannten dritten Lager nie auch nur den Funken eines Hehls machte. Der Sohn eines bereits zur Zeit des Ständestaats aktiven illegalen Nazis entwickelte in den Folgejahren eine rhetorische Doppelstrategie, die einerseits die alte Basis mit deutschnationalen Sagern bediente (Österreich als ideologische Missgeburt, die „ordentliche Beschäftigungspolitik" des Dritten Reiches, die Krumpendorf-Rede) und andererseits aus der wachsenden Unzufriedenheit mit den etablierten politischen Kräften einen auch für jüngere Generationen attraktiven Populismus schneiderte. Was wiederum Waldheim betraf, so zeigte sich einmal mehr die tiefe Verstricktheit sämtlicher Milieus in Nationalsozialismus und Kriegsverbrechen. Die Verteidigung des „ehrenhaften" Wehrmachtsoldaten, der laut eigener Aussage bloß seine Pflicht erfüllt habe, gipfelte in dem Sager eines ÖVP-Politikers, dass Waldheim von jeder Schuld freizusprechen sei, solang nicht bewiesen sei, dass er eigenhändig sechs Juden erwürgt habe. Nicht zuletzt Sätze wie diese führten jedoch auch zur Einsicht in die Notwendigkeit einer Aufarbeitung der österreichischen Beteiligung an den Verbrechen des Nationalsozialismus und der Wehrmacht, die etwa in die Einsetzung einer Historikerkommission mündete und schließlich dazu führte, dass der damalige SPÖ-Bundeskanzler Vranitzky im Jahr 1991 eine Erklärung zur österreichischen Mitverantwortung am Naziregime vor dem Parlament abgab.

Auch wenn Alfred Kolleritsch in seiner Rahmengeschichte nicht explizit auf die Zeitgeschichte zu sprechen kommt, scheint sie dennoch indirekt in der Schilderung des Begräbnisses eines alten Nazis durch, an dem der Protagonist Josef Algebrand teilnimmt. Auch wenn diese Figur nur noch als namenloser Nachhall ins Spiel kommt, erscheint sie doch symptomatisch für jene Ambivalenz, die das Verhältnis des Protagonisten zu vielen Bezugsfiguren im Text prägt. In der ganzen Inszenierung des Begräbnisses steht die alte Zeit wieder auf, die in Wirklichkeit nie aufgehört hat, zu existieren, weil die Nazis von damals nach dem Krieg rasch wieder in Amt und Würden saßen und Gemeinschaft und Öffentlichkeit prägten und dominierten. Insofern mutiert das Begräbnis zum neuerlichen nachträglichen Triumph der Vergangenheit über die Gegenwart und verdichtet sich in der Erzählung schließlich zu folgendem Satz: „Die Sprache kam vor ihr Haus und bot das in ihr Aufbewahrte feil, die altwahre Wahrheit bereichert mit der Köstlichkeit und Kraft ihres Überdauerns." (*Allemann*, S. 7)

Welche Stimme aber spricht hier plötzlich und woher rührt dieser merkwürdige Ton, der die Form des Erzählens überwindet und dem es offenbar nicht mehr um das Einzelne, das Konkrete, sondern um allgemeine Reflexion und die Arbeit des Begriffs geht? Eine einfache Antwort wird lauten: Es ist der Autor selbst, der sich hier sichtbar oder zumindest hörbar macht als Differenz, vielleicht sogar als im Schreibprozess auftretende Notwendigkeit einer Distanzierung vom Geschehen, vom Gehörten und Gesehenen, um es sich vom Leib zu halten oder auch um ihm auf den Grund zu gehen. Erkennbar klingt im Auftakt des Satzes Martin Heideggers Formulierung von der Sprache als dem „Haus des Seins" an, und damit ist zunächst eine weitere biographische Spur gelegt, hat Alfred Kolleritsch sich doch in seiner philosophischen Doktorarbeit eingehend mit dessen Philosophie beschäftigt. Heidegger wiederum ist gerade mit Blick auf den Nationalsozialismus einer der kontaminiertesten Denker. Er trat im Jahr 1933 der NSDAP bei, weil er sich „vom Nationalsozialismus eine geistige Erneuerung des ganzen Lebens, eine Aussöhnung sozialer Gegensätze und eine Rettung des abendländischen Daseins vor den Gefahren des Kommunismus" erwartete, wie er in einem Brief an seinen ehemaligen Schüler Herbert Marcuse aus dem Jahr 1947 schrieb. Nicht zuletzt aufgrund seiner aktiven Verstrickung in die NS-Ideologie eignet der zunächst heimelig anmutenden Rede von der Sprache als dem Haus des Seins etwas Unheimliches, das in Alfred Kolleritschs Formulierung konsequent zum Vorschein gebracht wird: Denn jene Sprache, in der die altwahre Wahrheit just am Grab eines verdienten Mitstreiters ihre fröhliche Wiederauferstehung feiert, ist mitnichten eine einschließende, allen gleichermaßen Obdach gebende, sondern im Gegenteil eine alles Andere, Fremde, Unangepasste ausschließende und auslöschende. Diese Erfahrung des Ausgeschlossenseins hat sich im Übrigen bereits dem Kind Josef Algebrand so tief eingeschrieben, dass er sie als eingebleutes Wissen mit und in sich herumträgt: „Josef wusste von seinem Oberlehrer, dass er nicht dem neuen Bild entsprach. Vor diesem Bild stand er als der aus der Art Geschlagene", heißt es im Text.

Einstweilen aber noch einmal zurück zu jener Sprache der Reflexion, die den Roman literarisch radikalisiert bzw. eine Ebene der Autonomie einzieht, die untrennbar mit dem Autor-Subjekt verbunden ist, jedoch auf gänzlich andere Weise als die Spur des Autobiographischen, die sich durch den Text zieht. Sprachlich lässt diese Reflexion eine Nähe zum Jargon der Existenzialphilosophie erkennen, allerdings vermischt sie sich konsequent mit der poetischen Sprache. Zudem operiert Kolleritsch an einigen Stellen des Textes mit einer Art von Inversion: Die verdichtende Reflexion scheint den konkreten Ereignissen gleichsam voranzugehen bzw. scheinen diese aus den theoremartigen Gebilden hervorzuspringen. Emblematisch für dieses Verfahren ist etwa folgende Passage: „Die Tränen in der Übermacht der Gegenwart, der sich keiner entziehen kann, waren eine Spur zur Gegenwart des Fehlenden, als hörte man eine schweigende Stimme, als gäbe es das Licht nur in der tiefsten Nacht, als ersticke die Wahrheit im Schleier. Josef verließ den Hof." (*Allemann*, S. 24)

Das schroffe Aufeinandertreffen zweier auf den ersten Blick so inkompatibler Satzformen macht es zunächst schwer, die zwischen ihnen existierenden Beziehungen zu erkennen. Möglicherweise ist Josef im ersten Satz durch jene Tränen präsent, die auch mit dem Begriff der „Spur" ausgewiesen sind. Zusätzlich verdichtet wird der Reflexionssatz durch die Formulierung „Gegenwart des Fehlenden", für sich genommen ein Widerspruch in sich. In die Sprache der Existenzphilosophie übersetzt, könnte man von einer „anwesenden Abwesenheit" sprechen, was uns wieder auf den Begriff der „Spur" zurückführt. Einerseits verdichten sich in Formulierungen wie „Gegenwart des Fehlenden" konkrete historische und subjektive Erfahrungen zu einem abstrakten Begriff, der in seinem allumfassenden Anspruch buchstäblich auf den Grund des Seins reicht. Andererseits bleibt an diesem Begriff das Konkrete als Spur in einer so sinnlichen Intensität haften, dass der Begriff sich niemals vollständig von seinem ursprünglichen Erlebnis- oder Ereigniskern löst. Konsequenterweise benutzt Kolleritsch an dieser Stelle das „Fehlende" und eben nicht das „Abwesende" und markiert damit eine subtile Abweichung von der philosophischen Terminologie: Das Fehlende ist von einer anderen existenziellen Dringlichkeit als das bloß Abwesende, zumal im Kontext einer totalitären Herrschaft. In Kolleritschs Formulierung liegt zudem noch eine andere Pointe: Der „Übermacht der Gegenwart" wird die „Gegenwart des Fehlenden" gleichsam auf Augenhöhe gegenübergestellt und so indirekt wiederum in ihr Existenzrecht gesetzt. Bewusst spricht Kolleritsch nicht von einer „Gegenwart der Ohnmacht", sondern führt im Begriff des „Fehlenden" ein Versprechen ein, dem der Text in vielerlei Hinsicht auf der Spur ist.

Der Begriff der Spur gibt einen Schlüssel zum tieferen Verständnis des Romans an die Hand, und insofern ist das eigenwillige Ineinander von Erzählung und Reflexion die schlüssige, konsequente Form der Bearbeitung dieses Erinnerungsstoffes. Die Spur verweist nicht nur kriminologisch, sondern auch semiologisch auf das Paradigma der Vieldeutigkeit bzw. des Widerspruches. Am Widersprüchlichen droht Josef Algebrand, der kindliche Protagonist an der Schwelle zur Pubertät, zunächst zu zerbrechen: Einerseits erlebt er sein Anderssein früh schon als Unmöglichkeit, als inakzeptable Abweichung vom System, andererseits tauchen im Prozess des Heranwachsens in ihm selbst uneindeutige Regungen, Gefühle und Gedanken auf. Dass er trotz dieser auf ihn eindringenden und in ihm tobenden Kräfte mit der Zeit eine gewisse Resilienz entwickelt, verdankt er vor allem jenen Spuren, die ihm gleichsam die Fluchtwege aus der Umklammerung durch die totale Institution weisen: zunächst in Gestalt der polnischen Zwangsarbeiterin Maria Smaragowska, einer Art Seelenführerin für den kleinen Josef, als er noch auf dem Land lebt, und später in der geheimnisvollen Figur des Erziehers Allemann, der Titelfigur, der erst nach einem Drittel des Romans zum ersten Mal auftritt und lange Zeit wie ein ungreifbarer Schatten durch den Text huscht. Im Gegensatz zur polnischen Zwangsarbeiterin entsteht zwischen Josef und Allemann keine emotionale, zuweilen latent libidinöse Bindung, und trotzdem besetzt die Figur des Allemann gleichsam emblematisch jenen Subtext, der den Roman von Beginn an als motivische Spur durchzieht: das Thema der Körperlichkeit, einerseits als Prozess des Erwachens, der Regung, andererseits als Schauplatz der totalen Kontrolle, der Ausbeutung und Auslöschung jeglicher Individualität.

Gleich zu Beginn wird die Erinnerung an Allemann in Gang gebracht – es ist dies der zweite Impuls neben dem Nazi-Begräbnis, der den Strom der Erinnerung auslöst, die in die Kindheit zurückführt. Kurz nach dem Begräbnis begibt sich Josef Algebrand auf Kuraufenthalt nach Abano, wo er von einem Masseur behandelt wird. Die unwillkürliche Widerspenstigkeit seines Leibes treibt den Masseur zur Bemerkung, Algebrand sei wohl „nicht Soldat gewesen", weil er die einfachsten Befehle zur Körperdrehung nicht ausführen könne. An dieser Stelle taucht Allemann auf, namenlos zunächst und gleich wieder vertrieben durch die Handballen des Masseurs, „als wollte er verhindern, dass die Erinnerung zur Gegenwart anschwelle", wie es im Text heißt. Die therapeutischen Handgreiflichkeiten werfen Josef Algebrand in einen Zustand zurück, in dem sich gewissermaßen die Befindlichkeit des Knaben spiegelt: „Er sah nach langer Zeit die lange Narbe auf dem Oberschenkel wieder bewusst, und die Narbe führte ihn zurück zur Wunde, und ihm kam vor, als gäbe es nichts zu erinnern, sondern nur eine Gegenwart voll mit losgerissenen, sich unaufhörlich verteilenden Stücken, und jedes war zugleich seine Herkunft und seine Zukunft." (*Allemann*, S. 13)

Wie bereits angedeutet, bildet in der Folge der Körper den Schauplatz jener Spur der Erinnerung, die Josef Algebrand in jene Konstellation zurückbringt, die der rätselhafte Erzieher Allemann auf eine Weise prägte, deren existenzielle Bedeutung sich gleichsam Schicht für Schicht aus der Latenz zu lösen beginnt. Das Fabelhafte dieser Episode beschreibt Alfred Kolleritsch in konzentrierter Form in dem eingangs erwähnten Essay *Von der Unwahrheit der Wahrheit*: „Als eines Tages einer unserer Erzieher – er hatte einen Klumpfuß (unser Goebbels!), war stark kurzsichtig, hatte einen zuckenden linken Arm, eine heisere, zu hohe Stimme und trug den ihm widersprechenden Namen Allemann (!) – in Handschellen abgeführt wurde, ist manchem von uns ein Licht aufgegangen. Die Wahrheit hatte eines abgekriegt, eine Maske war zu Boden, in den Abgrund gefallen. Er hatte einen Kreis von Kameraden dazu überreden können, ihm, der sonst sehr streng war, beim Onanieren zuzusehen, mit ihm eine Geheimschrift zu verwenden, sich ihm in all dem anzuvertrauen, was nicht offiziell war und in Lesebüchern stand. ‚Wer nicht onaniert, ist kein deutscher Junge‘, hatte er zu uns gesagt. Wenige Wochen später wurde er zum Tode verurteilt und enthauptet, aber für uns hatte die Wahrheit, nicht er, das Haupt verloren." (*Gespräche im Heilbad*, S. 29)

Die prägnante Beschreibung der körperlichen Gestalt von Allemann gerät zum Sinnbild unwillkürlicher Devianz von der Ideologie des gesunden, heldenhaften Körpers, dem in der NS-Erziehung gehuldigt wurde. Allemann taugt in diesem Sinn nicht zum Vorbild, von ihm strahlt keinerlei Attraktivität aus. Seinen Einfluss auf die Internatszöglinge gewinnt er durch die Errichtung eines klandestinen Raumes, nämlich jenen der Intimität des nächtlichen Schlafsaals, in dem er seine Schützlinge dazu anhält, buchstäblich Hand an sich zu legen, sprich: den eigenen Körper und die damit verbundenen Potenziale der Lust und der Erregung zu erkunden. Und er tut dies offenbar nicht aus pädophilen Motiven, sondern in einer merkwürdigen Inversion des nationalsozialistischen Erziehungsauftrags: Weit davon entfernt, das System an sich infrage zu stellen, beharrt er auf einem Modell des Deutschseins bzw. -werdens, einer kollektiven männlichen Identitätsstiftung, deren Formel lautet: „Wer nicht onaniert, ist kein deutscher Junge." Man könnte diese Haltung als subtile Provokation interpretieren, als Ausreizung gewisser Spielräume innerhalb der totalitären Strukturen. Die Schlafsaalgenossen nehmen dieses Angebot jedenfalls dankbar an, wie der frisch hinzugekommene Josef Algebrand beobachten kann: „Tage später bemerkte Josef, dass in der Nacht Mitschüler zu anderen Mitschülern ins Bett schlüpften. Bald waren alle beteiligt. Am Tag redete niemand davon, man ging miteinander um wie immer. Obwohl sich einige nicht mochten, ja feindlich gegenüberstanden, war der Schlafsaal von einer Mauer des Schweigens umgeben." (*Allemann*, S. 87)

Schon zuvor, noch in seiner Heimat auf dem Land, hatte Josef seine Erfahrung mit kollektiver kindlicher Sexualität gemacht. Auf einer Lichtung im Wald stößt er einmal zufällig auf eine Gruppe Burschen, die auf dem Boden sitzen und mit der Hand ihr Glied reiben. Als er aufgefordert wird, sich dazuzusetzen und es auch zu probieren, misslingt ihm der Versuch, und die anderen „erschienen ihm wie höhere Wesen", heißt es im Text. Als unheimliche und bedrängende Konsequenz erwächst dem Knaben daraus ein Gefühl von Entfremdung zwischen ihm und seinen Eltern: „Vater und Mutter waren dann am Abend entfernter. Er rückte vom Vater weg, weil er dessen Ausdünstung nicht ertrug. In die Augen der Mutter war ein Rätsel geraten." (*Allemann*, S. 25) In gewisser Hinsicht gelingt es erst dem Erzieher Allemann, diesen Zustand der Entfremdung pädagogisch zu bearbeiten, sprich: die kindliche Lust am Körper in ein stabiles Persönlichkeitskonzept zu integrieren. Ausgerechnet in der totalen Institution des Internates entwickeln die Knaben unter der Anleitung ihres Erziehers eine gleichwohl ständig bedrohte Autonomie, die sich der vollständigen Kontrolle durch das System entzieht. Allemanns Rolle changiert, wie Alfred Kolleritsch auch in der Bemerkung in seinem Essay andeutet, zwischen Strenge und verschwörerischer Verbindung. Die Szene, die letztendlich zu seiner Verurteilung und Hinrichtung führt, wirkt wie eine eigentümliche Vorwegnahme der Konstellation des Films *Dead Poets' Society* (1989), in dem ein charismatischer Lehrer in einer konservativen Erziehungsanstalt eine Gruppe von Schülern unter Bezugnahme auf die Dichtung der amerikanischen und englischen Romantik zur Selbstständigkeit und künstlerischer Tätigkeit anregt: „Er habe verlangt, dass sie, sein Kreis, seine Geheimschrift lernten und das Schweigen. Er las ihnen Gedichte vor. Während des Lesens stand er auf und setzte sich auf den erhöhten Kopfteil des Bettes. Einer der fünf musste auf das Bett ein großes, weißes Handtuch breiten, Allemann nahm sein erregtes Glied in die Hand und ließ nach tiefem Atemholen den Samen auf das Handtuch strömen. ‚Ich wollte, dass die Lust in die harten Gesichter der Knaben zurückkehrt', habe er vor Gericht gesagt, ‚ich habe sie nicht berührt, nur beobachtet.'" (*Allemann*, S. 168)

Allemanns Kreis stellt eine minoritäre Abkapselung innerhalb der totalen Institution des Internats bzw. des totalitären Systems des Nationalsozialismus dar: Das Geheimnisvolle rührt aus der unmittelbaren Bedrohung durch ein Außen, das im Augenblick des Verrats auch tödlich zuschlägt. Als Vertreter der totalen Institution in seiner Rolle als Erzieher reizt Allemann seinen Spielraum zusehends aus, was sich in der Wahrnehmung des Josef Algebrand wiederum spurenartig, zweideutig manifestiert. Da ist auf der einen Seite weiterhin die zuweilen gnadenlose Strenge, andererseits aber ein wachsender Ekel vor der Sinnlosigkeit des Krieges, aus dem Allemann mitunter kein Hehl macht. Im Angesicht eines mit Kreide auf ein Schreibpult gezeichneten Hakenkreuzes spricht er von „falschem Heldentum", wie er überhaupt gegen die mythische Verklärung der Gewalt auftritt. In Josef bleibt eine innere Spannung zurück, die immer mehr zur Zerreißprobe wird. „Er (Allemann, Anm.) tanzte zerstörend in das Gleiche hinein, zerriss und zerfetzte den Kreisel der täglichen Ordnung und Verfügbarkeit. Er war unbemerkt über die Grenze gekommen wie ein wiederkehrender Toter." (*Allemann*, S. 139)

In diesem Bild kündigt sich schon das Ende des Erziehers an, zugleich aber weist es gleichsam über ihn hinaus und verkündet seine Unausrottbarkeit, indem es ihn in einen „Living Dead" verwandelt, irgendwie unsichtbar oder zumindest unlesbar in seiner Doppeldeutigkeit, auf seine Art und Weise aber höchst beweglich und alles in Frage stellend, was das System als natürliche Rechts- und Geschichtsordnung vorgibt. Diese Doppeldeutigkeit steht im relativierenden Gegensatz zu jenem *double bind*, den Josef auf dem Land durch den Oberlehrer erfahren musste. Dessen pädagogisches Prinzip lautete bereits vor dem Anschluss: gewalttätige Willkür. Alfred Kolleritsch hat diesen rabenschwarzen Pädagogen in der Erzählung *Von der schwarzen Kappe* porträtiert, die gemeinsam mit dem Essay *Von der Unwahrheit der Wahrheit* die literarische Vorarbeit zum Roman bildet. In der Erzählung heißt es: „Der Oberlehrer schlug nie die schlimmen Kinder. Er schlug immer dieselben. So schuf der Oberlehrer eine Ordnung: die Ordnung, die er schaffen wollte." (*Gespräche im Heilbad*, S. 37) Einer solchen Willkür ist weder mit Verweigerung noch mit Anpassung zu begegnen, und so schreibt sich die Gewalt schon früh als Zeichen der Sinnlosigkeit in das Innere des Kindes ein.

Auch wenn Josef Algebrand nach seinem Umzug in die Stadt immer noch ein Kind bleibt, wird er – wie alle anderen Zöglinge – dennoch täglich seiner kindlichen Unschuld beraubt und in eine Dynamik hineingezogen, die keinen Platz für irgendeine Art der persönlichen Entfaltung lässt. Die Spiele unter der Decke, das Luftschutzspiel etwa, bei der die Knaben Präservative über ihre Penisse ziehen, stehen sinnbildlich für das Verdrängen des Spiel- und Entdeckungstriebs ins Unsichtbare, in die Nacht. In noch zugespitzterer Form erlebt Josef diese existenzielle Dunkelheit in den Luftschutzräumen im Schlossberg. Im Fliegerangriff scheint sich die Logik des Erlebens ausnahmezustandsbedingt vollständig umzudrehen: „Von ihrem Platz aus hörten sie plötzlich das Kommen und Verschwinden der Motorengeräusche und die Explosion der Flakgranaten. In der drauf folgenden Stille hatten sie größere Angst als zuvor." (*Allemann*, S. 162) Eben diese Stille der grausigen Erwartung markiert den Zusammenbruch sämtlicher stabiler Zeichensysteme. Auf todbringende Explosionen folgt die Implosion personaler Souveränität, von der nicht einmal noch ein Fluchtimpuls übrig bleibt.

Performance – Pattern – Improvisation
Zum Verhältnis von Körper, Klang, Stimme und Text beim Lyriker Christian Loidl

„zieht einen kreis aus klang / sagten sie / vom insekt", lautet eine Zeile aus dem Gedicht „kopf" (1994) des 2001 verstorbenen Lyrikers Christian Loidl. In diesem behutsam schillernden Bild steckt auch eine Beschreibung der eigenen künstlerischen Arbeit. Insekten tauchen in Loidls Texten häufig auf – zuweilen als buchstäbliche Eintagsfliegen, öfter aber noch als Wesen mit geheimnisvoller, surrealer Ausstrahlung und meist als Chiffren für jene Zustände und Lebensformen des Andersseins, auf deren Spuren Loidl stets unterwegs war. In einem Interview zum Wort-Klang-Projekt *icht* sprach Loidl von „einer insektoiden Art von Intelligenz", die in seinem Unbewussten am Werke sei: „Eine Spezies, die keineswegs weniger intelligent als der Mensch ist, sondern mit der Sprache in einer Art spielt, die unter einem rationalen Zugriff niemals so erfinderisch wäre."

Der zweite, für Loidls Arbeit fast noch entscheidendere Aspekt, den die eingangs zitierte Zeile liefert, ist der „kreis aus klang". Einen solchen hat der im Jahr 1957 in Linz geborene Loidl tatsächlich seit Jugendtagen gezogen: zunächst noch zu Schulzeiten als Gitarrist einer Band mit dem Namen „Knossos Rabol", damals schon Seite an Seite mit dem Keyboarder Bernhard Lang, mittlerweile ein europaweit gespielter und gefeierter Komponist für zeitgenössische Musik und bis zuletzt oftmaliger Partner in künstlerischen Kooperationen. Vorbilder für das gemeinsame musikalische Projekt waren Art-Rock-Bands wie Amon Düül, Hawkwind, King Crimson oder auch die LSD-getränkte Klangwelt der legendären Grateful Dead. Zeitzeuge und Loidl-Weggefährte Peter Leisch beschreibt die Musik von Knossos Rabol als „dunkel, mysteriös und am besten ,2000 Lightyears from home' – zwischen ,Raumpatrouille

Orion' und orientalischer Trance-Musik, zwischen Pink Floyd und Karlheinz Stockhausen".

Loidl durchlief in der Provinzstadt Linz in den 1970ern eine Sozialisation zwischen Hippietum, Drogenexperimenten, literarischen Schwärmereien im Geiste der Schwarzen Romantik und dem damit verbundenen Dandytum, das sich seine Ingredienzien aus allen nur greifbaren, irgendwie anderen und abgründigen Versatzstücken zusammenbastelte. Aus dem juvenilen Art-Rock-Gitarristen entwickelte sich schließlich ein Poet, der gleichwohl nie aufhörte, seine Sprachklangkunst gemeinsam mit Musikern zu zelebrieren und zu entwickeln. Aus der Musik erhielt er wesentliche Impulse für seine Praxis der poetischen Improvisation bzw. Performance. Mehrere CDs, die begleitend zu seinen Buchprojekten (*falsche prophezeiungen, kleinstkompetenzen*) oder als autonome Veröffentlichungen (*bei uns dahoam*) erschienen sind, zeugen von der Bedeutung, die Loidl selbst der Kooperation mit Musikern zeitlebens beimaß.

Mit nachhaltig prägender Wucht überfiel Loidl die Einsicht in die Klang- und Körperlichkeit von Literatur, insbesondere Dichtung, als er 1980 in Wien eine Lesung des Beat-Poeten Allen Ginsberg erlebte: „Sein Auftritt, gemeinsam mit Peter Orlovsky und Steve Taylor, an der Uni, war für mich damals ein Schlüssel-Erlebnis, was das Arbeiten mit der Stimme angeht. Ich habe miterlebt, wie die Stimme durch den Körper in den Raum hinaus klingt und wie es Ginsberg genießt – wahrscheinlich mehr, als Jandl es genossen hat, der auf seine Art ebenfalls ein großer Klangkörper war." Die Differenz, die Loidl zwischen Ginsberg und Ernst Jandl mehr beiläufig erwähnt als begründet, erscheint für Loidls eigene Entwicklung durchaus signifikant: Ginsbergs Performances wirken auf ihn befreiender als die wuchtig-witzigen, aber auf ihre Art wohl noch in der kämpferischen Strenge der europäischen Avantgardetradition verhafteten Laut- und Sprechgedichte Jandls. Während dieser seine Texte als Partituren empfand, deren kompositorischen Charakter er bei seinen Auftritten zum Ausdruck brachte, verlegte sich Ginsberg darauf, mit dem Material seiner Zeilen und Verse zu spielen – ganz wie er es von der vitalen Gegenkultur des Jazz und des Beat in den 1950ern aufgesogen hatte. „Seine Poetik lässt viel Platz für Spontaneität und Improvisation", schreibt Loidl über Ginsberg. „Statt Metren kann der Gedankenfluss selber oder der Atem das Versmaß sein. *Composition on the tongue* ist das Entstehen des Gedichts im Moment des Sprechens oder Singens: der Prozess als Produkt. In diesem Punkt ist Ginsbergs Ansatz eine Achse zwischen den Jazz- und Marihuana-Sprachriffs in der Art von Jack Kerouac auf der einen Seite und den spontanen Vajra-Gesängen von buddhistischen Yogis auf der anderen."

In Loidls Charakterisierung der Ginsberg'schen Poetik spiegelt sich nicht zuletzt der eigene Ansatz bzw. zumindest der Verweis auf einen zentralen Einfluss, der sich selbst wiederum aus verschiedenen Quellen speist. Die Form der *spontaneous prose*, die Jack Kerouac explizit in Anlehnung an die Dynamik der Improvisation im Jazz entwickelte, durchdringt auch Ginsbergs Lyrik-Performance auf elementare Weise. Christian Loidl entwickelt in der Folge mit seinen *Zaubersprüchen* eine vollkommen eigenständige Form der Oral Poetry mit bestimmenden Klang- und Gesangselementen, die gleichwohl ohne die Rezeption der jazzaffinen Beatniks kaum in dieser Form entstanden wäre. Loidl rezipierte diese Ausdrucksformen als Gegenprogramm zur kühlen Ästhetik der Postmoderne, die in den 1980ern von New York aus die urbanen Zentren der westlichen Welt erfasste. Der Rückgriff auf den Dialekt seiner Großeltern stellte den Versuch dar, Archaisches und Gegenwärtiges zu einem funkelnden Amalgam der unausgesetzten Verwandlung zusammenfließen zu lassen: „Das Gedicht wird Körper. Stadt wird Fluss wird Urwald", schreibt Loidl zur Begleitung der ersten Kassettenaufnahme seiner Zaubersprüche im Jahr 1990. An anderer Stelle schreibt er in Bezug auf die Entstehung der Zaubersprüche, dass er auf der Suche nach einer im Körper beheimateten Sprache gewesen sei, einer „Körper-und-Knochen-Sprache", die er eben als erstes im Dialekt seiner Kindheit gefunden habe: „in der erinnerten Großeltern- und Urgroßmuttersprache aus dem Gebirge, und in der Zauberspruchform."

Rund um die regelmäßigen Performances dieser Zaubersprüche entspann sich eine kontinuierliche Kooperation mit Musikern, die man als experimentell-alchemistische Werkstatt zwischen Wort und Klang bezeichnen könnte. Vor allem das Trio mit dem elektronischen Musiker und Komponisten Wolfgang Musil und der Saxophonistin Martina Cizek barg für Loidl ungewöhnliche Erweiterungen seiner Möglichkeiten in Bezug auf die Präsentation seiner poetischen Texte: Das betraf nicht nur die Überwindung des klassischen Lesungsformats, sondern auch das Auftreten in Räumen, die feingliedrigen Lyrikern üblicherweise verschlossen bleiben: Underground- und Jazz-Lokale, Musikclubs usw. Loidl, der stets auf der Suche nach neuen, interessanten und möglichst heterogenen/diversen Orten war, bezahlte diese Neugier zwar mit einer gewissen Ignoranz durch den etablierten Literaturbetrieb, erreichte aber mit dieser nomadischen Strategie bestimmte Szenen, die wiederum einen Einfluss auf seine Arbeit als Dichter hatten. Diese Erfahrungen des suchenden Umherschweifens führten zu Kooperationen mit experimentellen Musikern etwa aus dem Umfeld des Wiener „Instituts für transakustische Forschung", einer Art ästhetisch-wissenschaftlichen Spaßguerilla, die verschiedene experimentelle Ansätze in Bezug auf Sound, Sprache und bildende Kunst in sogenannten „Hearings" präsentierte. Aber auch mit dem im Wien der 1990er Jahre wachsenden Feld der World Music gab es starke Berührungspunkte: hier vor allem in der intensiven Kooperation mit dem aus dem Libanon stammenden Oud-Spieler und Sänger Marwan Abado, dem türkischen Percussionisten Metin Meto und nicht zuletzt dem aus dem Waldviertel stammenden und in Wien lebenden Akkordeonisten Otto Lechner, mit dem Loidl eine besonders intensive Freundschaft verband. Aus soziologischer Sicht stellte Loidl in diesem losen interdisziplinären Netzwerk an der Wiener Kunstperipherie die Figur eines Akteurs dar, der – um es mit Bruno Latour zu formulieren – „von vielen anderen Akteuren zum Handeln gebracht wird". Die oft spontanen und singulären poetisch-musikalischen Performances manifestieren sich im Jahr 1998 in Form einer CD mit dem Titel *bei uns dahoam,* die eine zweitägige Studio-Session am Institut für Elektroakustik dokumentiert, bei der die wichtigsten musikalischen Partner von Loidl wie Bernhard Lang, Wolfgang Musil, Otto Lechner und Marwan Abado versammelt waren.

Die Erfahrungen mit spontanen, freien Interaktionen zwischen Sprache(n), Körper(n) und Klängen zeitigten entscheidende Einflüsse auf Loidls schriftliche Lyrik-Produktion bzw. die Weiterentwicklung seiner poetischen Verfahren. Während sich in den drei zwischen 1994 und 1998 erschienenen Gedichtbänden *falsche prophezeiungen, farnblüte* und *pupille* einzelne Zyklen bzw. Gedichte finden, die bereits als Partituren oder graphische Notationen zu lesen sind, entwickeln vor allem die Publikationen *icht* (1999), *kleinstkompetenzen* (2000) sowie das kurz vor seinem Tod am 16. Dezember 2001 fertig gestellte Manuskript mit dem Arbeitstitel *fremd/vertraut.prolog* intensive Beziehungen zu musikalischen Formen und sind ohne die jeweiligen Vertonungen und Aufführungspraktiken nicht zu denken.

Die Publikation *icht* dokumentiert ein Schreibexperiment, das Loidl über Jahre hinweg durchführte: Er nahm im Zustand des Halbschlafes Sätze bzw. Satzfetzen auf ein Diktaphon auf und protokollierte diese Aufnahmen am nächsten Tag, ohne verändernd oder überarbeitend einzugreifen. Die Methode erinnert stark an jene der „écriture automatique" der französischen Surrealisten, die mithilfe des automatischen Schreibens gleichfalls die Kontrollinstanz der Ratio ausschalten wollten, um zu unbewussten oder latenten Inhalten vorzudringen. Einzelne poetische Perlen dieser an der Schwelle zwischen Wachen und Schlaf entsprungenen Sätze verwendete Loidl in seinen Gedichten, etwa „wenn ich ein stern bin bin ich ein seestern" oder „wir müssen leise sein wie pfirsiche". Mit der Zeit hatte sich wie von selbst eine Art Fremdsprache mit rätselhafter Struktur amalgamiert. Ein semantisch-grammatikalischer Sprach-Free-Jazz, den Bernhard Lang schließlich in eine pulsierende Komposition für Stimme und Instrumentalensemble verwandelte. Loidl las bestimmte Ausschnitte aus dem Textkonvolut auch bei seinen Live-Performances – immer mit rasender Geschwindigkeit in der Art eines futuristischen Rappers und oft im Dialog mit Live-Musikern, denen dieser unheimlich mäandernde Wortstrom wiederum als Ausgangsbasis für musikalische Improvisationen diente.

In einem Interview mit dem Komponisten Clemens Gadenstetter aus dem Jahr 1999 sprach Loidl davon, dass er diesen Text nicht bauen, sondern „absondern" und dieses Abgesonderte sammeln wolle. „Ich glaube, dass es nicht eine Instanz ist, die diesen Text erzeugt, sondern viele. Es kommt mir so vor, als ob es ein Archiv meines gesamten sprachlichen Gedächtnisses gäbe, und dass dort wie von Bibliothekaren Informationsteilchen herausgeholt werden, und zwar genau dann, wenn der normale Formulierungsvorgang aufhört. (...) Die Bibliothekare bedienen sich zwar am Sprachgedächtnis, aber sie verändern das Material auch, während sie es herausbringen. Sie sind nicht nur Bibliothekare, sondern auch Sprachspieler. Manchmal habe ich den Eindruck, dass das gar keine menschlichen Entitäten sind, sondern vielleicht so etwas wie Ameisen oder ganz andere Insekten. Eine insektoide Art von Intelligenz, die aus Büchern Teile herausfrisst und nicht viereckige Seiten liefert, sondern ganz anders verformte."

Die poetische Sprache von *icht* lässt in ihrer Tendenz zur radikalen Auflösung und Neubildung semantischer, syntaktischer und grammatikalischer Strukturen an zwei bedeutende literarische Vorläufer denken: Da ist zunächst jene „NachtSprache", die James Joyce in seinem Werk *Finnegans Wake* kreierte. Und tatsächlich finden sich gewisse Ähnlichkeiten zwischen Loidl'schen Neologismen und jenen Schachtelwörtern, die Joyce in seinem Opus entwickelt. Ähnlich wie in *Finnegans Wake* entsteht auch in *icht* der zentrale poetische Effekt dadurch, dass der Text in einer Art Fremdsprache oder zumindest devianten Sprache abzulaufen scheint. Das betrifft sowohl die Semantik als auch die Syntax. Der signifikante Unterschied besteht wohl darin, dass Joyce seine neue Sprache bewusst kreierte, während Loidl im Fluss des Unbewussten die Kraft des Zufalls und des Unkontrollierten walten lässt.

Eine andere poetische Verwandtschaft besteht zur literarischen Technik des „Cut up", die der amerikanische Beat-Autor William S. Burroughs in einigen seiner Romane verwendete, um vorgefertigte Inhalte aufzubrechen. Burroughs benützte das Bild von der Sprache als einem „Virus", der alles und jeden durchdringe und dem nur mit einer poetischen Gegeninfektion zu begegnen sei. In dem bereits zitierten Interview mit dem Komponisten Clemens Gadenstetter deutet Loidl an, dass er in seinem *icht*-Projekt einen durchaus vergleichbaren subversiven Kern wahrnahm: „In extrem autoritären Staaten findest du immer wieder Leute, die es schaffen, so zu reden, dass sie von den Behörden nicht verstanden werden. Und gerade dort hat die Poesie die Funktion, die Kontrolle zu unterwandern, sich der Sprache zu entziehen. Daran arbeite ich." Während bei der „Cut up"-Methode die Subversion durch das bewusste Auftrennen des vorgefundenen Bedeutungszusammenhangs entsteht, ergibt sich dieser Effekt beim Halbschlafstimmenprotokoll durch die aleatorische Verknüpfung der einzelnen Sätze und Satzteile.

Einen Sprachfluss gänzlich anderer Art setzt der Text *kleinstkompetenzen. erinnerungen aus einer geheimen kindheit* (2000) in Gang. Loidl beschrieb die Genese des Textes im persönlichen Gespräch als einen vergleichbaren Zustand der Latenz, aus dem sich die Gestalt allmählich herausgeschält habe. Oft nämlich, wenn er LSD eingenommen habe, sei er in eine Art Kindheitsunterwelt geraten, die er schließlich in Form einer artifiziellen, stark repetitiven Kindersprache darzustellen begann. Das Ergebnis könnte man als episodisches Prosagedicht mit Elementen aus der konkreten bzw. visuellen Poesie beschreiben. Innerhalb des Textes begegnen sich Stimmen, die oft nicht eindeutig zu identifizieren sind, ihre Herkunft aus der Mündlichkeit jedoch kaum verhehlen. So mischen sich dialektale bzw. umgangssprachliche Formen und Formulierungen in den Textfluss, aber auch pseudobürokraktische Neologismen wie etwa das titelgebende Wort „kleinstkompetenzen" oder die „selbstverständlichkeitsbestätigung", die parodistisch auf das Amtsösterreichische Bezug nimmt.

Im Unterschied zum radikalen Blocksatz von *icht* wirkt das Erscheinungsbild von *kleinstkompetenzen* von der ersten Seite weg wie eine bewusst gestaltete Zeilenpartitur, in der die Stilmittel der Variation und der Wiederholung stark zum Ausdruck kommen. Die Doppelgestalt der Erstausgabe (Buch + CD) legt nahe, dass Loidl den Text von Vornherein als Hörstück dachte. Begleitet wird er dabei von den Improvisationen des Akkordeonisten Otto Lechner, der rund um die einzelnen Episoden einen Hörfilm-Soundtrack entwickelt und auf diese Weise eine akustische Entsprechung der im Text imaginierten geheimen Kindheit entwirft. Vor allem in den Schlusspassagen der Aufnahme, in denen sich die assoziativ-narrativen Bilder in visuell-konkrete Patterns auflösen, entsteht zwischen Loidls Stimme und Lechners Akkordeon ein musikalischer Dialog, der die Vorlage des Textes gleichsam in eine akustische Form transponiert.

Die optisch-semantischen Konstellationen am Ende von *kleinstkompetenzen* weisen ästhetisch in eine Richtung, die Loidl in der Folge mit großer Konsequenz weiterverfolgte. Die Arbeiten, die sich im Nachlass unter den Titeln *neins* bzw. *fremd/vertraut.prolog* finden, konzipierte er als visuelle Notationen, als Schreib-Sprech-Hörstücke, in denen sich Bedeutung, visuelle Gestalt und Klang in einer ständigen Übersetzungsbeziehung befinden. „Der Text geht nicht beschreibend vor, sondern darstellend", schreibt Loidl in einem Exposé zu *neins*, „als visuelles Gedicht, das auch als Partitur für Stimmen lesbar ist. Ich glaube, dass er in mancher Hinsicht den Kompositionen von Morton Feldman entspricht, in denen dem visuellen Pattern und der Stille entscheidende Funktionen zukommen."

Loidl bringt den für viele bedeutende Strömungen der Kunst des 20. Jahrhunderts zentralen Begriff des „Pattern" ins Spiel. Pattern steht als Terminus an der Schnittstelle zwischen den einzelnen Disziplinen und verbindet auf mannigfaltige Weise die bildenden und visuellen Künste mit der Literatur und der Musik. Er steht für Rhythmisierung sowohl im akustischen als auch im visuellen Sinn, und wenn man die genannten Arbeiten Loidls betrachtet, besteht kaum ein Zweifel, dass ihn dieses ästhetische Moment in seinem Schaffen immer stärker beschäftigte. Loidl arbeitete, um es mit dem Philosophen Gilles Deleuze zu sagen, beständig an einem ästhetisch-semantisch-politischen Perzept von *Differenz und Wiederholung* – angeregt nicht zuletzt vom Komponisten Bernhard Lang, dessen kompositorische Arbeit vielfältig auf das gleichnamige Buch von Deleuze Bezug nimmt (auf das er übrigens ursprünglich durch einen Hinweis Loidls gestoßen war).

Von Lang stammte auch der Auftrag zum Konvolut *fremd/vertraut* – der Arbeitstitel bezog sich auf eine Veranstaltungsreihe, die im Wiener Konzerthaus im März 2002 stattfand und für die Lang eine Komposition beisteuern sollte. Loidl suchte die Differenz zwischen fremd und vertraut im Begegnungsraum der Natur ebenso wie in den Abstraktionen der Zivilisation. Auffallend ist dabei vor allem der Wechsel zwischen auf wenige Wörter reduzierten Blättern mit solchen, die von einer Art Endlosloop gefüllt werden: Die Wörter „hypnoserisspilz", „totenkopfkröte", „suchtkontrollinstanzen" oder „hautwellen" laufen in leerzeichenlosen Wiederholungen über die Seiten wie über einen Bildschirm. Auf einer semantisch-metaphorischen Ebene nehmen sich diese Wortkaskaden teilweise wie sprachliche Abstraktionen von halluzinogenen Trips aus und wechseln sich ab mit meditativen, vollkommen elementaren Sprachbildern. „das auge im boden / das auge im wasser / das auge im boden / das auge / in der luft" lautet etwa eine Seite. „fremd/vertraut" bildete für Bernhard Lang die Grundlage seiner Komposition *Differenz und Wiederholung 9*. Lang unterlegt Loidls Sprachpatterns mit einem treibend-synkopischen Groove, über den die Gesangstimme von Salome Kammer ihre Kapriolen schlägt.

Jene Kreise aus Klang, die Loidl seit seiner Jugend kontinuierlich gezogen hatte, lassen sich als eine weit ausholende Bewegung zwischen Differenz und Wiederholung charakterisieren. Von Anfang an faszinierte und inspirierte ihn das Spontane, das Expressive und Unwiederholbare des musikalischen Augenblicks ebenso wie jene Patterns und Strukturen, die sich im Prozess der Improvisation herausbilden und wieder zerfallen. Als Sprachmusiker bewegte sich Loidl mit großer Virtuosität und Freiheit zwischen diesen Polen.

Die Schwerelosigkeit der Sprache
Zu Günther Kaips Poetik der Improvisation

Was geschrieben wird, ist eine Angelegenheit von Sätzen. Diese banale Feststellung verliert im Zusammenhang mit der Dichtung Günther Kaips ihren tautologischen Charakter. Sätze sind es, die das Schreiben weitertreiben, auseinander hervorgehen, miteinander kommunizieren wie Subjekte. Jeder Satz ein Subjekt, das ist nicht nur eine grammatikalische Binsenweisheit des Deutschen, sondern eine ontologische Grundbedingung für Kaips Schreiben. Jeder Satz ein Ereignis, das macht die Angelegenheit dann auch gleich noch *rasend* interessant.

Kaip lesen heißt Kaip beim Schreiben teilnehmend beobachten, heißt eigentlich mitmachen, und zwar (was für ein Kaip'scher Gedanke) die Sätze mitmachen. Dabei haben gerade diese Sätze so gar nichts Konstruiertes. Selbst die verwickelteren scheinen eher organisch gewachsen als raffiniert gebaut. Ihr Grundprinzip ist das Fließen. Reibungen entstehen in dem, was sie sagen. So schlicht die Form wirkt, so verrückt entwickelt sich ihr Inhalt. Plötzlich (ein äußerst hilfreiches Wort in Bezug auf Kaips Poetik) steht eine Welt da, hingeworfen mit wenigen Strichen, die Kulisse aufs Nötigste beschränkt, und zugleich klafft unter dieser fragilen Szenerie ein doppelter Boden auf: „Wir gehen auf uns zu, der Treffpunkt ist endlich erreicht, ein Hochplateau mit einem einsamen Kastanienbaum, sonst nur Fels." Im Nu (vielleicht die poetischste und in diesem Sinn wohl auch Kaipstsche Variante der Plötzlichkeit) wird vieles vorstellbar: High noon, Spiel mit Spiegeln, ein Rendezvous Andrej Tarkovskijs mit Jim Jarmush? „Wir gehen auf uns zu, einfach so", lautet der Nachsatz und installiert damit die Grundspannung zwischen Schwerelosigkeit und Erdung, die Günther Kaips Texte wie ein glühend roter Faden durchzieht. Weiterfliegen oder im nächsten Augenblick abstürzen, das ist hier die Frage, und sie ragt aus den Texten heraus mitten ins Leben.

Aber Kaip ist keiner, der Kleingeld zu machen wüsste mit irgendeiner Form von lyrischem Life-Coaching. Unmittelbar aus der Evidenz seiner Poesie abgeleitet, ließe sich formulieren: Schreiben ist Leben unter besonderer Berücksichtigung des Jetzt (als unhintergehbare Konkretion des Plötzlichen). Trotzdem läuft der Schreibprozess keinesfalls geschichtsvergessen ab. Das Gegenwärtige ist durchzogen von Partikeln, Fragmenten und Echos des Vergangenen. Kaips poetisches Präsens äußert sich als „Rhythmus des Raumes" (um einen seiner Buchtitel zu variieren). So wie das Plötzliche die Zäsur im Zeitlichen markiert, entfaltet sich aus der Präsenz einer Figur eine Struktur im Räumlichen. Der französische Theoretiker Gaston Bachelard formuliert dies in seinem Werk *Poetik des Raumes* in Bezug auf die „innere Unermeßlichkeit" folgendermaßen: „Die Betrachtung der Größe löst eine so besondere Haltung aus, eine so eigentümliche Stimmung, daß die Träumerei den Träumer aus seiner nächsten Umgebung hinaus in eine andere Welt versetzt, die das Merkmal einer Unendlichkeit trägt." Die Größe freilich, die Günther Kaip in seinen poetischen Träumereien entdeckt und der er mit schelmischer Wonne nachjagt, ist die Unermesslichkeit im Kleinen, im Unsichtbaren, im Beiläufigen, im scheinbar Unbedeutenden. Kaip reiht sich ein in die versprengte Genossenschaft der „kleinen Literatur", die sich den Ansprüchen der großen Form mit guten Gründen entzieht.

Auch wenn zuweilen das Rauschen des Meeres und die Grenzenlosigkeit der Seele aufblitzen, so entsteht der poetische Rhythmus in diesen Texten nicht als bloßer Widerhall der Überwältigung, sondern als Spiel mit den verborgenen Möglichkeiten im scheinbar festgezurrten, funktional versiegelten Raum. Allein die Art und Weise, wie Kaip einen Friseursalon mittels Cremeschnitten, Leitern und Stoffwechsel in Schwingung versetzt, stellt die (Größen-)Verhältnisse auf den Kopf, ohne sie dadurch mutwillig zur Implosion zu bringen. Oder der Papierflieger-Verkehr, der in der Stube eines Landgasthofes einsetzt und einen Rhythmuswechsel im Raum erzeugt, bei dem es mit einer bloßen Störung nicht getan ist. Die Atmosphäre verrutscht ins Unkontrollierbare. Das gilt für den Wirt ebenso wie für die Papierflieger-Werfer, die von ihrer gleichsam absichtslosen Spielerei in einen Strudel der Veränderung gestoßen werden, in dem die Räume gar nicht aufhören, ineinander überzugehen und sich auf unheimliche Weise miteinander zu vermischen.

Kaip ist, bei aller überbordenden sprachlichen Spontaneität, ein umsichtiger Pfleger seiner Einfälle. Dichter und Material treten in eine federleichte Dialektik zwischen Erfindung und Entwicklung. An einer Stelle tauchen mitten im poetischen Geschehen plötzlich „nestwarme neue Einfälle" auf, aus dem Schlaf, aus dem Traum, und schon „flüchten sie vor unseren Erinnerungen ins Freie". Nicht bloß an dieser Stelle betätigt sich Kaip als Fluchthelfer seiner eigenen Sprachbilder. Selbst in der vergleichsweise melancholischen Wendung, die die Passage am Ende nimmt, liegt ein fundamentaler Trost, der die gesamte Dichtung Kaips durchzieht: Schreiben nicht als Machtkampf, sondern als Ko-Kreation mit dem eigenen Wahrnehmungs- und Empfindungsprozess.

Günther Kaip gelingt etwas, das ihn mit der Praxis der „freien Improvisation" im Jazz verbindet: Grundvoraussetzung dafür ist ein Zustand, den man im Englischen mit *awareness* umschreibt und der diese spezielle Disposition zugespitzter ausdrückt als das grundbrave deutsche Wort Aufmerksamkeit. Der Verzicht auf das Fangnetz einer linearen Geschichte ermöglicht eine völlig anders geartete poetische Suchbewegung. Womit wir wieder beim Jetzt oder vielmehr: im Jetzt gelandet wären, und dadurch vermittelt auch bei möglichen literarischen Vorläufern: Henri Michaux, Julio Cortázar oder die lustvoll-grimmigen Renegaten Daniil Charms und Jürg Laederach. In dieser Reihe wäre Kaip wohl der zärtlichste, subtilste, aber in der Neigung, den Sätzen spielerisch nachzugehen, ohne in dieser Haltung zu erstarren, lassen sich durchaus verwandtschaftliche Züge erkennen.

Aus dem Spiel zwischen Fraglosigkeit und Absurdität vermag Kaip auf engstem Raum eine erzählerische Virtuosität zu erzeugen, die mit geringsten Mitteln auskommt. Als Subjekt fungiert oft ein „wir", das ständig zwischen den Polen bestimmt/unbestimmt pendelt. Diese Vielheit tritt in Erscheinung, ohne jemals konkret sichtbar zu werden. Ihre Anwesenheit wirkt unheimlich, aber in kaum einer Situation bedrohlich. Hinter dem „wir" stecken weder Mob noch Meute, eher schon hallt darin die *multitudo* wider, die sich weigert, ein homogenes Volk zu bilden. Dieses „wir" ist nicht mehr und nicht weniger als eine Form beobachtender und zuweilen auch handelnder Anwesenheit.

Auftretende Figuren haben oft nur Berufe: Frisör, Wirt usw., irgendwie selbständig und zugleich an die Welt der Subalternen anstreifend, wandelbar und doch stur, kurz: so widersprüchlich wie die Wirklichkeit, die „wir" so gern fein-säuberlich in Kästchen ablegen. Eine von den nicht geringen literarischen Leistungen Kaips besteht darin, Atmosphären zu erzeugen, in denen die Ambivalenz dauerhaft anwesend ist, ohne dass irgendeine Instanz eingreift, um sie zurechtzustutzen. Die Szenerien strahlen eine sanfte Widerborstigkeit aus, oder besser gesagt: ein anarchisches Schaukeln, dem jede Form militanter Umstürzlerei fehlt. Alles ist ein bisschen aus dem Lot, und der Versuch, die Balance wiederzuerlangen, scheitert gewinnbringend zugunsten einer neu auftauchenden Möglichkeit. Auf zauberhafte Weise gelingt Kaip dies etwa in dem Hin und Her zwischen Frisör und Publikum, in dem die Grausamkeit des Wartens sich wie von selbst in ein Fest des Tätigseins verwandelt.

Oft ist man bei der Lektüre Kaips an Robert Walsers spaziergängerische Weltaneignung eines freundlichen Außenseiters gemahnt. Der zugleich Distanz haltende und dennoch sich an jedem noch so scheinbar unmöglichen Ort der Verzauberung hingebende Blick schimmert auch in den Texten Günther Kaips durch: ein Sammeln, ohne die Dinge an sich zu reißen, ein Verwandeln, ohne sich in Idiosynkrasien zu verlieren.

Nachspiel im Morgengrauen
Arthur Schnitzler und die Folgen des Sex

Die Zigarette danach: Auch die wird geraucht in Arthur
Schnitzlers Skandal-Theaterstück *Der Reigen* (1896/97).
Galant fragt der Dichter nach vollzogener Vereinigung die
geliebte Schauspielerin, ob sie ihm erlauben würde, sich eine
Zigarette anzuzünden. „Gib mir auch eine", lautet ihre
trockene Antwort, und schon wird geschmaucht im Separée
eines Landgasthofes, wo sich die beiden zum Rendezvous
verabredet haben. So entspannt wie in der gemeinsamen
Erschöpfung geht es allerdings selten ab in dieser Szene, deren neckischer Schlagabtausch auf der authentischen Begegnung des Autors mit der Burgschauspielerin Adele Sandrock
beruht.

Nach dem Sex ist vor dem Sex: Die insgesamt zehn Szenen des *Reigen* bewegen sich konsequent über ihren drama-
tisch-erotischen Höhepunkt hinaus. Die erschöpfte Leere des
Danach füllt sich rasch wieder mit Wörtern und Phrasen der
gegenseitigen Anziehung und Abstoßung. Nach dem Er-
löschen der sexuellen Gier macht sich ein diskursives Geplän-
kel der Relativierung, Distanzierung und des heimlichen
inneren Aufbruchs breit. Ausgerechnet das postkoitale Bett-
geflüster erregte die Zeitgenossinnen und -genossen Schnitzlers ganz besonders. Ludwig Marcuse zitiert in seiner Studie
über die Gerichtsverhandlung nach der Berliner Uraufführung des Stückes im Dezember 1920 eine Zuschauerin,
die von der Entweihung des Erotischen geradezu entsetzt
war. Zum Vergleich bezog sie sich auf William Shakespeares
Liebestragödie *Romeo und Julia*, in der die „illegitime Nacht
in eine legitim machende Poesie auf(-gelöst werde, Anm.),
während es Schnitzler gerade auf den immer noch illegitimen
Alltag danach ankomme".

Arthur Schnitzlers Blick in die Schlafzimmer, Separées und heimlichen Treffpunkte seines Sex-Reigens ist nicht nur in Bezug auf die autobiographisch inspirierte Episode zwischen dem Dichter und der Schauspielerin von schonungsloser Offenheit. Kaum ein anderes Bühnenwerk kreist mit einer solchen Ausdauer um das Thema Sex. Im *Reigen* paart sich eine ganze Gesellschaft von der Dirne bis zum Grafen in wechselnden Konstellationen zu einem einzigen Zweck: der gegenseitigen Verführung zum Geschlechtsverkehr. Gierig stürzen die Leiber aufeinander, angefeuert durch ein hastiges „Komm, komm", das die in den verbalen Vorspielen aufgebaute Spannung schließlich zur Entladung bringt. Der Akt selbst bleibt der große Abwesende in dieser rasenden Zurschaustellung der Anbahnungs-, Abwicklungs- und Rückzugsrituale: Er wird im Text ausgespart durch eine Linie aus Gedankenstrichen, auf der Bühne verschleiert durch den kurzerhand fallenden Vorhang. Die Leerstelle, die die Ausschmückung des Ereignisses der Vorstellungskraft des Publikums überantwortet, öffnet zugleich den Raum für eine intensive Darstellung der konkreten Umstände der Begegnungen. Und diese vollziehen sich, im scheinbaren Widerspruch zum Immergleichen des Zwecks, auf vollkommen unterschiedliche Art und Weise. Vom zufälligen *En passant* bis zum klandestinen, aufgeregt erwarteten Tete-à-Tete dekliniert sich Schnitzler durch die Bandbreite an möglichen Konstellationen. Dafür entwickelt er ein ebenso einfaches wie zwingendes dramaturgisches Prinzip. Die Form des Reigens besteht darin, dass die einzelnen Szenen über ihre Figuren ineinander greifen. Jeweils eine der beiden Personen einer Szene tritt auch in der nächsten auf, dort allerdings mit einem anderen Partner. Die Kreisform, die schließlich bei der Dirne endet, mit der es begonnen hat, verweist darauf, dass es in gewisser Weise alle mit allen treiben.

Dennoch entfalten sich die herrschenden Verhältnisse – die Hierarchien, Geschlechterbeziehungen, Abhängigkeiten etc. – in der vermeintlich regellosen erotischen Durchmischung umso deutlicher. Jedem und jeder ist eine Rolle in dem Spiel zugewiesen, und die „Performance" misst sich daran, was für die Figuren im jeweiligen Kontext auf dem Spiel steht. Am deutlichsten wird das an der Figur des jungen Herren aus gutem Haus. Zuerst verführt er das Stubenmädchen aus Fadesse und jäh aufflackernder Gier, während er schließlich an der Verführung einer durchaus willigen verheirateten Frau im ersten Anlauf gnadenlos scheitert, weil er vor lauter Aufregung keinen hochkriegt. „Ich habe dich offenbar zu lieb ... Ich bin wie von Sinnen", entschuldigt er seine vorübergehende Impotenz, um schließlich auch noch Stendhals *Psychologie de l'amour* als literarischen Kronzeugen für die Folgerichtigkeit seines Versagens herbei zu zitieren.

Alle Szenen folgen dem Prinzip des Davor-Danach: Verführung, die in Entzauberung mündet; gegenseitiges Aufstacheln samt anschließender *tristitia post coitum*. Selbst in jenen Szenen, wo sich die Liebenden zunächst noch mit großer Emphase anhimmeln, implodieren die verbliebenen Illusionen in der Fahrigkeit des Aufbruchs. Zuvor leichtfertig abgegebene Versprechen und Schwüre sind rasch vergessen, und das überhastete Anziehen nimmt der vorausgegangenen Anziehung den letzten Rest von Romantik. Der Dichter etwa, der gleich nach der stürmischen Eroberung des süßen Mädels euphorisch ausruft: „Das war überirdische Seligkeit", verstrickt sich so sehr in seine Ruhmsucht, dass jeder Form von gemeinsamer zärtlicher Nachbetrachtung der Garaus gemacht wird. Während er die Kurzzeit-Geliebte mit der Kerze in der Hand betrachtet, schwillt ihm (umgekehrt proportional zu seinem besten Stück) der dichterische Kamm über alle Maßen an: „Du bist schön, du bist die Schönheit, du bist vielleicht sogar die Natur, du bist die heilige Einfalt", worauf dem Mädel ein zweideutiges: „O weh, du tropfst mich ja an! Schau, was gibst du denn nicht acht!" entfährt.

Die radikalste Verdichtung gelingt Schnitzler in der Szene zwischen der verheirateten Frau und dem jungen Herrn aus gutem Haus, der im zweiten Anlauf schließlich doch noch seine vorübergehende Impotenz zu überwinden imstande ist. Genau drei Zeilen benötigt der Autor vom Rausch zur Ernüchterung:

„Die junge Frau: Mein Alfred —
Der junge Herr: Ah, bei dir ist der Himmel.
Die junge Frau: Aber jetzt muß ich wirklich fort."

Nur wenige Augenblicke später windet sie sich schon unter widerwilliger Mithilfe des jungen Herrn in ihre Kleidung zurück. Nervosität allenthalben, Schuldgefühle, Befremden, kaum verhohlene Enttäuschung: In Schnitzlers Dramaturgie des Danach verlieren sich die Paare binnen weniger Augenblicke, ohne je wirklich zu sich zu kommen. Der überstürzte Aufbruch enthält bereits die Ahnung des nächsten Abenteuers, dem eben dadurch jedoch von Anfang an der darauf folgende Absturz eingeschrieben ist. Nach dem Sex ist vor dem Sex, der Reigen dreht sich weiter und beginnt am Ende wieder von vorn.

Der große Abwesende aber, der unsichtbare Akt, entfaltet seine Omnipräsenz in den Dialogen der jeweiligen Sexpartner. In dem knappen Spielraum der temporeichen Szenen führt Schnitzler sämtliche Register der erotisierten Rede vor: von der plumpen Sprachlosigkeit des Soldaten über die verschämt-naive Art zu fragen der verheirateten Frau bis zur lüstern-provokanten Sprache der Schauspielerin, die ihren Dichter zugleich lockt und auf Distanz hält. Dabei ist nicht bloß der Diskurs der affektierten Mimin von einem *double bind* durchzogen, in dem sich die herrschende gesellschaftliche Doppelmoral auf abgründige Weise spiegelt. Die divenhafte Unberechenbarkeit der Schauspielerin entpuppt sich als die Kehrseite jenes Programms libidinöser Ökonomie, das der Ehemann der jungen Frau im Ehebett beibringt: „(...) hätte ich mich von Anfang an meiner Leidenschaft für dich willenlos hingegeben, es wäre uns gegangen wie Millionen von anderen Liebespaaren. Wir wären fertig miteinander." Was er damit sagen will: Die Phasen der Abstinenz dienen in Wirklichkeit dem Zweck der Erhaltung der erotischen Spannung zwischen den Eheleuten. Umschlossen ist diese von-seiten des Ehemannes mit allerlei moralischem Brimborium erfüllten Szene von heimlichen Fremdgängen auf beiden Seiten, was die Scheinheiligkeit der Rede von der Kultivierung des Begehrens mittels temporärer Enthaltsamkeit im doppelten Sinn ausstellt.

Nachdem Arthur Schnitzler sein Stück im Winter 1896/97 verfasst hatte, war ihm die literarische Qualität der Arbeit im Vergleich zu seinen frühen dramatischen Erfolgen *Anatol* und *Liebelei* durchaus bewusst. Der Reigen bildete den Auftakt zu einer Reihe von Bühnenstücken und Prosatexten, die öffentlichen Ärger erregten, teils verboten wurden (*Professor Bernhardi*) oder die gesellschaftliche Reputation des Autors gefährdeten (mündend etwa in der Aberkennung der Offiziers-Charge nach der Veröffentlichung der Erzählung *Leutnant Gustl*). Der *Reigen* aber führte als Text lange Zeit eine Art Untergrundexistenz, nicht zuletzt aufgrund der Selbsteinschätzung Schnitzlers, der den Text als „absolut undruckbar" bezeichnete. Daher veröffentlichte er das Stück zunächst nur als Privatdruck in einer Auflage von 200 Stück. Angeregt durch die Freunde des literarischen Jung-Wien-Zirkels, erschien 1903 doch eine Buchausgabe.

Der Schriftsteller Richard Beer-Hofmann hatte in einem Brief an Hugo v. Hofmannsthal die Bitte ausgesprochen, dass Schnitzler, den er als „lieben Pornograph" bezeichnete, sein „erectiefstes Werk" doch bitte veröffentlichen möge. Wenn man sich die Nähe des Erscheinungsdatums zum 1906 auf Subskriptionsbasis publizierten Skandal-Roman *Josefine Mutzenbacher* vergegenwärtigt, lässt sich die Ettiketierung Schnitzlers als Pornograph nur bedingt halten. Der *Reigen* entfaltet sein Potenzial an Provokation und Skandalisierung gänzlich anders als die explizite Darstellungspraxis im *Mutzenbacher*-Roman. Festmachen lässt sich diese Differenz nicht zuletzt an Schnitzlers Interesse am Stellungsspiel der Figuren gleichsam jenseits des Sex, an der minutiösen Ertastung dessen, was hinter den

Masken des Begehrens zum Vorschein drängt. Es ist eine Pornographie des Dialogs, es sind die expliziten Grobheiten, Lieblosigkeiten, Untertöne, und es sind nicht zuletzt der Fremd- und Selbstbetrug, deren Darstellung das Publikum unweigerlich zum Mitwisser macht.

Die durch diese Spiegelfunktion ausgelöste Erschütterung zog sich seit dem Erscheinen des *Leutenant Gustl* durch die zeitgenössische Rezeptionsgeschichte Schnitzlers. Und so ist es nicht verwunderlich, dass auch jene rund 25 Jahre, die zwischen der ursprünglichen Niederschrift des *Reigen* und seiner Uraufführung in Berlin und Wien liegen, den Aufprall nicht milderten, der sich schließlich zwischen dem Stück und der Öffentlichkeit ereignete. Der unsichtbare Sex samt seinem höchst sicht- und hörbaren Davor-Danach hatte in Berlin ein gerichtliches Nachspiel wegen angeblicher Sittenwidrigkeit des Stückes, das nach beinahe einem Jahr voll unzähliger Stellungnahmen und öffentlicher Erregungen mit einem Freispruch endete. In Wien entlud sich der politisch von christlich-sozialer Seite gegen die Auswirkungen „jüdischer Literatur" organisierte „Volkszorn" am 13. Februar 1921 weniger glimpflich: Die Aufführung in den Kammerspielen in der Rotenturmstraße wurde mit Stinkbomben gestört, ein Schlägertrupp fiel über das Publikum her und verließ den Saal schließlich mit dem Gesang vom „Gott, der Eisen wachsen ließ".

Die rund um die Aufführung stärker aufkeimenden antisemitischen Attacken veranlassten Schnitzler, ein Aufführungsverbot über das Stück zu verhängen, weil er es nicht länger als Projektionsfläche für heraufziehende Kulturkämpfe missbrauchen lassen wollte. Aufgrund des Urherberrechtes war es auch nach Schnitzlers Tod im Jahr 1931 noch geschützt und steht erst seit 1982 wieder regelmäßig auf dem Spielplan deutschsprachiger Bühnen.

Über den *Reigen* hinaus bleiben der Sex und seine erotischen, psychologischen und sozialen Nachwehen bestimmende Themen in Schnitzlers Werk. Über den folgenden Sex hinaus beschreibt Schnitzler sowohl in seinen dramatischen als auch in seinen Prosawerken die „handfesten" Folgen nicht legitimierter sexueller Begegnungen. Der in der Bequemlichkeit seiner unverbindlichen Lebenslage befangene Komponist Baron Georg von Wergenthin versucht in dem Roman *Der Weg ins Freie* die Schwangerschaft seiner kleinbürgerlichen Geliebten Anna Rosner vor der Gesellschaft zu verbergen, indem er sie in einem Haus am Land versteckt. Das Drama der Totgeburt, mit dem die Schwangerschaft schließlich endet, schreibt sich dem Roman ebenso als dunkler Abgrund ein wie das Sterben der Frau Rupius an den Folgen einer Abtreibung in der Novelle *Berta Garlan*.

Meist zahlen am Ende die Frauen den Preis für jene süßen Stunden der Verführung, die der Schriftsteller so anschaulich und intensiv beschreibt, und das oft genug mit ihrem Leben. Nur an einer Stelle des Oeuvres bekommt ein Protagonist gleichsam stellvertretend für sein Geschlecht die Rechnung präsentiert. Es ist der Leutnant Willi Kasda, der in der Erzählung *Spiel im Morgengrauen* aufgrund einer leichtfertig zustande gekommenen Spielschuld verzweifelt auf der Suche nach Kredit ist. In seiner Not wendet er sich an eine mittlerweile reich gewordene ehemalige Prostituierte, die er vor langer Zeit verführt und dabei nicht allzu gut behandelt hat. Die Begegnung zwischen den beiden ist in ihrem Hin und Her zwischen ökonomischem und erotischem Begehren an Zweideutigkeit kaum zu überbieten. Immerhin führen Kasdas Anstrengungen zunächst dazu, dass die Dame mit Vergangenheit namens Leopoldine sich zu einem Tete-à-Tete mit zärtlichem Nahkampf hingibt. Als sie nach vollzogenem Akt still das Weite suchen will, bekniet er sie hektisch. „... er fühlte sich bereit, ihr über die Treppe nachzulaufen, im Hemd, geradeso wie er in einem Provinzbordell vor vielen Jahren einmal eine Dirne einem Herrn hatte nachlaufen sehen, der ihr den Liebeslohn schuldig geblieben war", heißt es im Text. Als sie ihm tausend Gulden reicht, verliert er die Nerven, weil er sie ursprünglich um elftausend Gulden gebeten hatte.

In ihrer Antwort scheint die Hierarchie der libidinösen Ökonomie für einen kurzen, sich im Inneren des Offiziers Willi Kasda allerdings zu einer Ewigkeit ausdehnenden Augenblick zu implodieren: „Die tausend Gulden, die sind nicht geliehen, die gehören dir – für die vergangene Nacht."

Begegnungen

Der Geschmack der Erinnerung

Über den sudanesisch-ägyptisch-österreichischen
Autor Tarek Eltayeb

Die bestimmenden Elemente in den Texten des Schriftstellers
Tarek Eltayeb könnten kaum gegensätzlicher sein: Harter,
atemloser Realismus trifft auf die surreale Poetik des Traums.
Bilder der Gewalt und Hoffnungslosigkeit wechseln mit solchen der Zärtlichkeit und Lebenslust. Biblischer Zorn entlädt
sich aus seinen Protagonisten mit ebensolcher Wucht wie
augenzwinkernder, entwaffnender Humor. Von den Dürre-
zonen im Sudan bis in den schicken Wiener Stadtbezirk Neu-
bau reicht der geographische Bogen von Eltayebs Erzählungen.

Zwischen diesen Extrempunkten spannt sich ein literarischer Kosmos auf, den man als fiktives Paralleluniversum der
tatsächlichen Biographie des Autors lesen kann: 1959 als drit-
tes von sechs Geschwistern im ältesten Stadtteil Kairos in eine
sudanesische Community geboren, kam Eltayeb 1984 als
Wirtschaftsstudent nach Wien. Sein Doktoratsstudium auf der
WU finanzierte er sich als Zeitungskolporteur, Tellerwäscher
und Arabischlehrer. Seinen akademischen Titel erhielt er für
eine wirtschaftsphilosophische Arbeit über den „Transfer von
Ethik durch Technologie im Kampf zwischen Identität und
Profit" – abgefasst in Form von Dialogen. Der Erhalt von
großen Projektstipendien des Kunstministeriums (2001, 2002,
2003) und des Elias-Canetti-Stipendiums der Stadt Wien
(2005) dokumentiert jene Anerkennung, die Österreichs
literarisches Leben Eltayeb mittlerweile entgegenbringt – und
das, obwohl er seine Texte nach wie vor auf Arabisch verfasst,

wie er in einem Interview mit der *Wiener Zeitung* anmerkt: „Bis heute kann ich keine literarischen Texte auf Deutsch schreiben. Ich weiß nicht, ob ich das eines Tages schaffen kann, jedenfalls brauche ich noch Zeit dafür. Arabisch ist die Sprache, in der ich mich wohl fühle, in der ich locker gehen und sogar fliegen kann." Der einfühlsamen Übersetzungsleistung seiner Frau Ursula, einer studierten Arabistin, verdankt es der landläufige Literaturbetrieb, die auf Deutsch erschienenen Bücher Eltayebs nicht nur lesen zu können, sondern den Autor als „Wiener" Literaten zu rezipieren, der viele seiner Gedichte in den Cafés der Stadt verfasst.

Der Frage nach seiner Identität versucht Eltayeb selbst in einer vielschichtigen Erklärung seines biographischen Hintergrundes gerecht zu werden: „Ich bin in Kairo geboren und aufgewachsen, aber mein Vater kam aus dem mittleren Sudan. Meine Großmutter mütterlicherseits stammte aus Nordägypten. Wenn ich gefragt werde, ob ich Sudanese oder Ägypter bin, sage ich: beides. Werde ich gefragt: Bist du ein echter Araber oder ein Afrikaner?, dann antworte ich: Von der Hautfarbe her fühle ich mich – besonders in Europa! – als Afrikaner, aber meine Muttersprache ist Arabisch. Außerdem lebe ich seit zwanzig Jahren in Wien, und es gibt sehr viel, was ich hier aufgenommen habe. Also habe und bin ich von allem etwas: arabisch, afrikanisch, europäisch, islamisch, christlich, und wahrscheinlich noch einiges mehr."

Von seinem Vater, einem Soldaten und Sohn eines sudanesischen Händlers, erbt er die Liebe zu den Büchern. In frühen Kindheitstagen hält er ihn selbst für einen hochproduktiven Schriftsteller, denn der Vater hüllt sämtliche Exemplare seiner Bibliothek mit Umschlägen ein, die er mit seinem Namen kennzeichnet. „Als Kind war er für mich deshalb der Autor all dieser Bücher und ich prahlte damit vor meinen Spielkameraden", erzählt Eltayeb. Mit der Mutter wiederum geht er eine für beide Seiten lehrreiche Symbiose ein: Eltayeb, der bereits mit vier Jahren eine Koranschule besucht und dort lesen lernt, liest seiner analphabetischen Mutter aus dem Koran vor. „Sie hat mir dafür diese für mich unverständlichen hocharabischen Texte in den Kairoer Dialekt übersetzt." Eltayebs Grundschullehrerin, die dem erst mit sieben Jahren eingeschulten, bereits des Lesens mächtigen Tarek die Unterforderung bald anmerkt, schickt ihn kurzerhand in den Garten, um auf ihren vierjährigen Sohn aufzupassen. Das hyperaktive Lehrerinnenkind scheint zunächst kaum zu bändigen – bis er beginnt, die reizvolle Umgebung des Schulgartens in kleine Erzählungen zu verwandeln. „In dem Gebäude lebte einst Muhammad Abduh", erinnert Eltayeb im Gespräch an einen der wichtigsten reformorientierten islamischen Gelehrten des 19. Jahrhunderts (1849–1905), dessen Geist in dem Ambiente auch sechzig Jahre nach dem Tod noch präsent war. Der Sohn der Lehrerin ist von Eltayebs Erzählungen jedenfalls so hypnotisiert, dass er am nächsten Tag von selbst auf ihn zustürzt und nach einer Fortsetzung verlangt. Von da an setzt jenes narrative Prinzip ein, das schon „1001 Nacht" vorantrieb: In jedem vermeintlichen Ende einer Geschichte taucht bereits der Anfang einer weiteren auf. Ohne recht zu wissen, wie ihm geschieht, wird der siebenjährige Tarek zur Scheherzade seines Schützlings.

Bereits während seines Wirtschaftsstudiums in Kairo beginnt Eltayeb literarisch-philosophische Essays zu verfassen, inspiriert durch den Publizisten Zaki Naguib Mahmoud (1905–1993), dessen Aufsätze er aus Zeitungen wie *Al Ahram* kannte. Mahmoud versuchte in seinen Werken die arabische Tradition mit den denkerischen Strömungen der Moderne, vor allem der Logik und des Positivismus, zu verbinden. Als nicht minder entscheidenden Einfluss auf sein Schreiben nennt Eltayeb den Arzt und Schriftsteller Yusuf Idris (1927–1991), der seine Kurzgeschichten regelmäßig in der Tageszeitung *Al Ahram* publizierte. Die Pointiertheit seines Stils hat Eltayeb stärker geprägt als die virtuose Opulenz des ägyptischen Nobelpreisträgers Nagib Machfus (1911–2006), den Eltayeb gleichwohl später persönlich kennen lernte und der ihn bei seinen Besuchen in Kairo immer mit „Wie geht es dem jungen Mann aus Österreich?" begrüßte.

Bereits in frühen Jahren und aufgrund der genannten Einflüsse entwickelt sich in Eltayeb eine besondere Sensibilität für das, was man vielleicht als Proust'sches Element seiner Poetik bezeichnen könnte: Im Akt des Erzählens wird das Vergangene, das Abwesende gegenwärtig – ähnlich wie in der „unwillkürlichen Erinnerung" des Erzählers in *Auf der Suche nach der verlorenen Zeit*. Geschmäcker, Gerüche, Farben und Töne „aktualisieren" sich in der erinnernden Reflexion und erzeugen so erst ein deutliches Bild dessen, was in der Flüchtigkeit des Erlebens meist unbenannt und ungeformt verschwindet. In Eltayebs Texten nimmt dieser Strom an Erinnerungen teils realistische, teils symbolistisch-allegorische und teils surreale Formen an. So deutlich die autobiographischen Spuren in seinen Texten aufleuchten, so wenig lässt sich Eltayebs Schreiben auf eine simple Aufarbeitung des eigenen Lebenslaufs reduzieren – eine Zuschreibung, die gerade Autoren mit Migrationsgeschichte oft ebenso wohlwollend wie missverständlich aufoktroyiert wird. Selbst auf den ersten Blick so einfache Texte wie das Langgedicht „In unserem afrikanischen Haus" arbeiten mit präzisen kompositorischen Mustern von Wiederholung und Variation und münden in einen Duktus der Beschwörung und Verwandlung, in dem märchenhafte Symbolik auf Verfahren der poetischen Moderne trifft. „An einer Wand / in einem afrikanischen Haus / hängen meine Augen", lautet etwa der erste Satz dieses insgesamt 20-teiligen poetischen Opus. Bereits dieser Einsatz verdichtet den erinnernden Bezug auf die eigene Kindheit in einem ebenso kühnen wie nüchternen Bild, aus dem sich in der Folge eine kleine Schöpfungsgeschichte der eigenen Familie entspinnt. Im Gestus des Beschreibens und Aufzeichnens liegt nicht bloß der Versuch des erinnernden Bewahrens, sondern auch eine Auseinandersetzung mit den schmerzlichen wie mit den notwendigen Veränderungen des Lebens. Von kleineren Verlusten ist darin ebenso die Rede wie von den absoluten, dem Tod des Großvaters etwa, der eine ganze Welt mit sich nimmt, die den Hinterbliebenen nun unwiederbringlich verloren scheint.

Eltayebs Literatur ist durchzogen von der paradoxen Atmosphäre einer anschaulichen Abwesenheit. Seine Texte lassen eine Welt auferstehen, der die schlimmsten Vernichtungen und Verheerungen zuteil wurden. Was zunächst ausweglos apokalyptisch erscheint, zeigt sich bei genauerer Lektüre als der Versuch zu verstehen und wiederzufinden. Darin liegt auch der Grund für die so große Präsenz des Sudan in seinen Texten – obwohl der Autor selbst nur ganze 12 Tage seines Lebens im Herkunftsland seiner Eltern verbracht hat. Präsent war das Land in dem Kairoer Stadtviertel, in dem er aufwuchs, in Form von Erzählungen, Brauchtum und Sprache. „Gerade weil ich so weit weg war, hatte ich das Gefühl, ich müsse noch mehr aufnehmen, mich noch mehr interessieren, über alles Bescheid wissen", erklärte Eltayeb in einem Interview. „Wenn ich mit Sudanesen oder Ägyptern spreche, wundern sie sich oft, woher ich all diese Informationen habe. In Europa erhalte ich zudem problemlos alle Bücher, auch solche, die bei uns verboten sind. Ich kann alle Fernsehkanäle empfangen, habe Internet und Telefon – so bewege ich mich von Europa aus sehr schnell in der arabischen Welt."

Eltayebs Texte sind von einem Welt-Raum der Sinnlichkeit durchwirkt, der in der spezifischen thematischen Konstellation seiner Arbeiten eine Qualität des Widerstands gewinnt. Das Roman-Diptychon *Städte ohne Dattelpalmen* und *Das Palmenhaus* erzählt von der Deterritorialisierung des Individuums durch die ökonomisch-ökologischen Krisen der Globalisierung. Der Protagonist Hamza ist der Archetyp des modernen afrikanischen Odysseus. Die aussichtslose Lage in seinem sudanesischen Heimatdorf Wads An-Nar treibt ihn in Städte ohne Dattelpalmen über die Stadt Omdurman weiter nach Kairo und schließlich nach Europa, wo seine Hoffnung auf ein besseres Leben jäh beendet wird. Der Versuch, seine Familie zu ernähren, zwingt ihn zur Kooperation mit einer Benzindiebbande, zum Schmuggel und schließlich zur illegalen Arbeit in Europa. Der deutsche Arabist und Literaturkritiker Stefan Weidner spricht von einer Variation eines klassischen Stoffes der modernen arabischen Literatur, der so genannten „Nordwanderung": „Herkömmlich ist der Held ein arabischer Student oder Intellektueller, der nach Europa geht, dort mit der anderen Zivilisation konfrontiert wird, schließlich zurückkehrt und mehr oder minder erfolgreich sich mit der eigenen Kultur zu arrangieren versucht." Im Gegensatz zu den meisten Texten dieses Genres sei Eltayebs Hauptfigur jedoch kein „faustischer Überflieger auf der Suche nach Wissen, den es nach Norden treibt, sondern ein einfacher Bauer auf der Suche nach Brot".

Hamzas Irrfahrten sind keine Prüfungen zur persönlichen Reifung, sondern Anpassungsversuche im Überlebenskampf einer blindwütig gewordenen Weltordnung. Im alltäglichen Kampf mit dieser omnipräsenten Maschinerie der Entfremdung gerät Hamza beständig an „falsche Freunde": Fundamentalismus, Kriminalität, Illegalität, die kurzlebigen materiellen Versprechungen des Kapitalismus. Auf der Suche nach der verlorenen Identität scheint dagegen einzig der Bezug auf die Wirklichkeit sinnlicher Erfahrung und der Versuch einer Verarbeitung im Erzählen zu einer wenigstens ansatzweisen Versicherung von Geborgenheit zu führen. Dem Flüchtling bleibt auf seiner Suche nach einer lebbaren Existenz nichts außer seine eigene Geschichte, wie Abuu Darsh, ein Freund Hamzas und eine Art weiser Narr, ausführt: „Alles, was dir jemals in diesem Land gehören wird, ist deine Geschichte, das schwöre ich dir. Du musst sie dem Ungeheuer Scharyar dieses Landes erzählen, bevor es dir die Seele rauben kann. Versuch, es mit deiner Geschichte abzulenken, damit es eine Zeit lang seine Bösartigkeit vergisst, die tief in ihm schlummert. Tu, was ich dir sage, sonst wirst du es bereuen. Dein Leben hat nur eine einzige Geschichte, deine Geschichte. Erzähl sie, solange du am Leben bist. Sonst wird man sie nach deinem Tod ohne dich erzählen."

Das Erzählen als identitätsstiftender Akt: Nicht nur die Anspielung auf Scharyar, den grausamen König aus Tausendundeiner Nacht, verweist uns auf diesen Zusammenhang. Der Begriff der Geschichte, wie ihn Eltayeb seiner Figur in den Mund legt, tritt an die Stelle dessen, was Imre Kertesz in seinem epochalen Roman mit „Schicksallosigkeit" bezeichnet hat. „Es war nicht mein Schicksal – aber ich habe es überlebt", formuliert der Ich-Erzähler in Kertesz' *Roman eines Schicksallosen* nach seiner Rückkehr aus dem Konzentrationslager und bestimmt damit die Differenz zwischen dem, was das Individuum als Opfer eines solchen Grauens ablehnen und was es akzeptieren muss, um überhaupt weiterleben zu können. Im Kern kreist auch Eltayebs Schreiben um den Versuch, sprachlos machenden Erfahrungen der Erniedrigung, des Hungers und ausweglosen Elends des Flüchtlings ein Schreiben entgegenzusetzen, das sich weigert, im Erzählen ein zweites Mal zum Opfer zu werden.

„Beim Schreiben die Macht ablegen"
Über den Autor Ilir Ferra

„Die Plattform ist ein gähnendes Nichts ohne Boden. Und wenn doch einer da ist, dann ist er nicht wirklich. Dem, das hier ist, sei nicht zu trauen. Es täusche, heißt es. Genau hier bin ich." Mit diesen Sätzen hebt der Roman *Rauchschatten* von Ilir Ferra an. Schauplatz des Textes ist die albanische Küstenstadt Durrës, zugleich Geburtsort von Ferra. 1974 wurde er dort in eine Welt hineingeboren, in der er sich schon früh über alltägliche Bodenlosigkeiten hinwegzubewegen lernte. Zuweilen wird behauptet, Albanien sei zur Zeit des Kalten Kriegs der finsterste Winkel des Kontinents gewesen. Der stalinistische Diktator Enver Hoxha (1908–1985) verplombte das Land während seiner 41 Jahre währenden Herrschaft nicht nur gegen den goldenen Westen, sondern isolierte es auch innerhalb des kommunistischen Blocks. Nach der Abkehr vom Stalinismus in der Sowjetunion verbündete er sich zunächst mit China gegen die Doktrin des Warschauer Paktes. Nach dem Bruch mit China in den frühen 1970ern driftete Albanien in die völlige politische Abschottung. Einziger Draht zur Außenwelt war das italienische Fernsehen, das man in Albanien illegal empfangen konnte. „Ich habe Italienisch praktisch über das Fernsehen gelernt", erzählt Ferra, für den vor allem die bunten Zeichentrickbilder des Kinderfernsehens den Zugang zu einem ansonsten verschlossenen Paradies darstellten.

„Als Kind konnte ich das Leben – ohne wirkliches politisches Bewusstsein – genießen, mit allem, was dazugehört: unglücklich verliebt sein, mit Freunden streiten, aber auch viel unternehmen", sagt Ferra. „Das einzige, wo ich die Machtlosigkeit gespürt habe, war die Schule." Sein Vater, ein studierter Elektrotechniker, arbeitete in einer Fabrik für Fernseher und Radios, seine Mutter in einer Traktorenfabrik. Die Familie genoss gewisse Freiräume gegenüber der allgegenwärtigen kommunistischen Partei, weil der Vater gut mit einem Sohn des Premierministers und zweiten Mannes hinter Enver Hoxha, Mehmet Shehu, befreundet war. Wie rasch unter dem scheinbar sicheren Boden ein „gähnendes Nichts" auftauchen konnte, erlebten die Ferras im Dezember 1981. Nachdem Shehu bereits seit Monaten aufgrund der Verlobung eines seiner Söhne mit einer jungen Frau aus einer politisch „unstatthaften" Familie unter großem Druck gestanden war, fand man ihn eines Morgens erschossen in seinem Bett liegen. Die genaueren Umstände des Todes sind bis heute ungeklärt. Shehu wurde nach seinem Tod bezichtigt, ein Komplott gegen Enver Hoxha geschmiedet zu haben. Die Familie des toten Premierministers wurde in der Folge interniert, der Freund von Ilir Ferras Vater beging in der Haft Selbstmord.

Auch wenn Ferras Familie keinen direkten Repressionen ausgesetzt war, drang der Tod des Premierministers als stille Erschütterung in ihren Alltag ein. Eine ebenso ungreifbare wie unleugbare atmosphärische Veränderung griff um sich, von der Ferra in *Rauchschatten* erzählt. „Lange habe ich Shehus Tod als unantastbare Geschichte betrachtet, obwohl sie in Albanien einige Zeit inflationär behandelt wurde", erzählt Ferra. „Ich dachte: Wie kann man über etwas schreiben, wenn man nicht die Wahrheit kennt?" Als befreiend erlebt Ferra die Lektüre des Romans *Der Nachfolger* des 1936 geborenen albanischen Schriftstellers Ismail Kadare. Dieser schrieb den Text bereits in den 1980ern, veröffentlichte ihn jedoch erst 2004. „Kadare ließ mich meine Haltung etwas lockern", sagt Ferra über den Roman, der die Ereignisse des Dezember 1981 in eine Parabel über Macht, Angst, Verrat und Verlust verwandelt.

Der Zusammenbruch des albanischen Kommunismus im Jahr 1990 bedingte einen Massenexodus, dem sich auch Ferras Familie anschloss. „Wenn wir in Durrës am Strand gesessen sind, haben wir uns gedacht: Auf der anderen Seite ist es ganz anders, ohne eine genaue Vorstellung davon zu haben", erzählt Ferra. Die Erwartungen waren geprägt von der Sehnsucht nach Wohlstand und Freiheit, den Versprechungen des

Westens. Nach kurzem Aufenthalt in Budapest erhielt die Familie Flüchtlingsvisa zur Einreise nach Österreich. „Der Konsul in Budapest hat meinem Vater Vorwürfe gemacht, wie er seiner Heimat in einer so heiklen Situation den Rücken kehren könne", erzählt Ferra. Zum latenten Gefühl des Verrates gesellten sich bald Erfahrungen des Ausgeschlossenseins in der neuen Heimat. Ferras Familie erlebte die Unterbringung in einer Flüchtlingspension als Isolation.

Einen ersten Zugang zur neuen Welt erhielt Ferra durch seinen Deutschlehrer in der Schule. „Er war der einzige, der mir auf Augenhöhe begegnete", erzählt Ferra. Über den Lehrer entdeckt er das Lesen und Schreiben. „Mein erstes Referat hielt ich über Grillparzers ‚Der arme Spielmann'", erinnert sich Ferra. Bald darauf drang er ins Universum des russischen Schriftstellers Fjodor Dostojewski ein: „Ich las alles von ihm. Später fuhr ich sogar einmal nach Moskau und wollte unbedingt sein Haus sehen. Als ich davor stand, kam eine Frau auf mich zu und entschuldigte sich, dass die Räumlichkeiten aufgrund von Renovierungen geschlossen sein. Ich war gar nicht böse, denn diese Frau kam mir selber wie eine Figur von Dostojewski vor."

Noch zu Schulzeiten begann Ferra zu schreiben – auf Englisch zunächst, irgendwann auch auf Deutsch. „Ich möchte in der Sprache schreiben, mit der ich im Alltag zu tun habe, und für die Leute, mit denen ich lebe", begründet Ferra seine Entscheidung. Sehr früh und unvermittelt tauchte das Wort *Rauchschatten* in seinem Kopf auf. Es wird ihn über 15 Jahre als Chiffre für das Projekt des eigenen Schreibens begleiten, fordern, in Euphorie versetzen und in Verzweiflung stürzen. „Ich weiß nicht mehr, wann ich begonnen habe, an diesem Text zu arbeiten", gesteht Ferra. Er bezeichnet den Text als „Entwicklungsroman", obwohl sich die erzählte Zeit der Geschichte auf einige Wochen im Leben einer Familie aus Durrës beschränkt. Im Prozess des Schreibens spiegelt sich auch das Wachsen und Werden des Autors wider. Es ist wohl kaum Zufall, dass Ferra ausgerechnet das literarische Jahrhundertmammut *Auf der Suche nach der verlorenen Zeit* des französischen Autors Marcel Proust neben Dostojewski als eine seiner prägendsten Lektüren nennt. „Anfangs konnte ich mit Prousts Stil wenig anfangen", erzählt Ferra. Das änderte sich, als er während seines Studiums beim Schwarzarbeiten am Würstelstand erwischt wurde – ein Umstand, der dem damals noch albanischen Staatsbürger sein Studentenvisum kostete. „Ich war gezwungen, für einige Monate unterzutauchen, und lebte in einem Haus eines Bekannten in der Nähe von Wien. Dort hatte ich Zeit für die ‚verlorene Zeit'." Währenddessen bemüht sich ein Anwalt um die Wiedererlangung des Visums, unter anderem mit der Begründung, man könne Ferras vorbildlichen Integrationswillen daran ermessen, dass er sogar Gedichte auf Deutsch verfasse.

Nach drei Jahren erhielt Ferra wieder einen legalen Aufenthaltsstatus und im Jahr 2001 endgültig die österreichische Staatsbürgerschaft. 2004 schloss er sein Dolmetsch- und Übersetzer-Studium mit einer Arbeit über den Roman *Conversazione in Sicilia* des italienischen Autors Elio Vittorini (1908–1966) ab. Vittorini schreibe „sehr einfach und trotzdem getragen vom ganzen Bewusstsein der Schwierigkeit zu existieren. Ich denke, dass ein Tier so schreiben würde, wenn es schreiben könnte. Der magische Moment des Schreibens besteht für mich nicht in einem Durchdringen, sondern in einem gleichsam animalischen Dasein, in dem ich die Macht, nach der es den Menschen immer verlangt, von mir ablege. Das heißt für mich, sich beim Schreiben ganz auf eine Situation einzulassen."

Die Fähigkeit, sich ganz auf eine Situation einzulassen, entwickelte Ferra nicht zuletzt in seiner Arbeit als Dolmetscher. Auch dabei erfüllte ihn der Anspruch, „gleichsam aus dem Mund des anderen zu sprechen". Dass sein literarisches Schreiben mittlerweile in einem größeren Ausmaß wahrgenommen wird, verdankt Ferra unter anderem einer Würdigung seiner Arbeit im Rahmen des Wiener Literaturpreises „Schreiben zwischen den Kulturen" im Jahr 2008. Dieser explizit für Autorinnen und Autoren mit nichtdeutscher Muttersprache vergebene Preis gilt als Sprungbrett und Talentschmiede mit hohem Output. Dimitré Dinev, Julya Rabinovich, Susanne Gregor oder eben Ilir Ferra traten im Rahmen der Preis-Lesungen zum ersten Mal ins Licht der literarischen Öffentlichkeit.

„Auch wenn die Zeiten längst vergangen zu sein scheinen, sind die Spuren des Systems, das die Menschen so sehr geprägt hat, heute immer noch sichtbar, und nicht nur in Albanien – der Opportunismus der Lebenssicherung", schreibt der rumänischstämmige, in der Schweiz lebende Autor Catalin Dorian Florescu über Ilir Ferras *Rauchschatten*. Aus westeuropäischer Sicht lässt sich dem hinzufügen, dass sich die Neigung zum existenzsichernden Opportunismus nicht auf die Nachfolgestaaten Osteuropas beschränkt. „Im Kommunismus wurde der Mensch bestraft – hier bestraft er sich selbst, in Form der ihn ständig begleitenden Angst vor dem Verlust der Arbeit", sagt Ferra. „Diese Angst hindert einen nicht zuletzt an der Arbeit, die zur reinen Pflicht wird, so wie es im Kommunismus die Pflicht gab, sich konformistisch zu verhalten."

Fabulierlust, gepaart mit Skepsis
Über den Schriftsteller Bruno Weinhals

Das langsame Verschwinden des Schriftstellers Bruno Weinhals (1954–2006) aus der literarischen Öffentlichkeit setzte bereits zu Lebzeiten ein: Seine Bücher wurden in Kleinverlagen publiziert und fanden selten jenen aufmerksamen Widerhall in der Literaturkritik, der ihnen aufgrund ihrer eigenwilligen Qualitäten zuteil hätte werden können. Zudem verweigerte Weinhals konsequent das marktgängige Etikett „Roman" und kaprizierte sich stattdessen auf das Ausloten poetologischer Spielräume in Essays, Kurzprosa, Gedichten oder „Minutenstücken", wie er eine Serie seiner Prosaminiaturen eigens bezeichnete. Seine dramatischen Texte setzten zuweilen Wortfluten in Gang, die selbst hartgesottene Dramaturgen in die Flucht schlugen. Und seine essayistischen Entwürfe scheuten nicht davor zurück, Gedanken erzählend, erzählerisch zu entwickeln.

Bruno Weinhals war kein einfacher, auf den ersten Schritt hin zugänglicher Autor, und doch erstaunt im Nachhinein das Ausmaß der Marginalisierung, dem seine Arbeit ausgesetzt war und ist. Denn die meisten seiner Texte bieten durchaus Möglichkeiten für eine lustvolle Lektüre, im Sinn eines fordernden, aber ebenso lohnenden intellektuellen Abenteuers. „Nur ein Spiel der Kunst", heißt es in einer seiner frühen „Abenteuergeschichten", und in Weinhals' poetischem Kosmos impliziert dieser Satz, dass derjenige, der dieses Spiel betreibt, gar nicht anders kann, als sich ihm mit dem größten existenziellen Ernst auszuliefern. Die Frivolität, die dem Leser in den Texten zuweilen entgegenschlägt, neigt dazu, sich im nächsten Augenblick in eine Denkfigur der Skepsis zu verwandeln. In gewisser Weise steht Weinhals damit in einer über zwei Jahrtausende währenden europäischen Literaturtradition, die sich im Zweifelsfall stets auf die Seite des Zweifels schlägt und jeder allzu simplen sinnlichen Gewissheit ein tiefes Misstrauen entgegenbringt.

Wer war dieser Autor von gerade einmal fünf zu Lebzeiten erschienenen schmalen Büchern? Wer war dieser Bruno Weinhals, dessen zugleich schüchtern und anmaßend funkelnde Texte den Charakter eines zurückgezogenen, aber auf seine Weise unheimlich präsenten Sturkopfs widerspiegeln? Geboren wurde Weinhals 1952 in Horn als einziger Sohn eines Schuhmachers und einer aus Bayern stammenden Krankenschwester. In Stockerau wuchs er auf, in der ebenso behüteten wie engen Atmosphäre einer Nachkriegskleinfamilie. Schulzeit und Kleinstadtjugend gerannen ihm zur Einübung ins Ausbrechen, das er schließlich nach der Matura mit der Übersiedlung nach Wien vollzog. Dem Studium am Dolmetsch-Institut verdankte er eigenen Aussagen zufolge weniger Lehrhaftes als den Billard-Abenden im Kaffeehaus und vor allem den regelmäßigen Kinobesuchen. Frühe Früchte dieser Schaulust waren Veröffentlichungen über Kino und Film in der kurz nach der Arena-Besetzung im Sommer 1976 gegründeten Wochenzeitung *Falter* und in einem gemeinsam mit Freunden aus der Taufe gehobenen Periodikum namens *disput* – ein unorthodoxes Sammelbecken für literarische und theoretische Texte. Die episodisch-ephemeren Zugänge zum Medium Film verdichteten sich allmählich zu einem Recherche- und Zettelkastenkonvolut unter dem Titel *Kinematographie und Magie*, einem niemals publizierten, in seinem ausschweifenden Gedankensplitterreichtum jedoch für alles Weitere prototypischen Montage-Stück, in Ansätzen vergleichbar dem *Passagen-Werk* von Walter Benjamin. Der große Denker schreibt darin von der „produktiven Unordnung", die den Kanon der Proust'schen „mémoire involontaire" des Sammlers darstelle. Ähnlich verhält es sich mit Weinhals' „Kinematographie"-Konvolut, in dem sich zahlreiche Spuren finden, die sich in späteren Jahren zu eigenständigen Texten weiterentwickeln.

In den Jahren 1983/84 tauchte Weinhals an der Oberfläche des Literaturbetriebs mit einer bemerkenswerten Doppelveröffentlichung auf: In der längst untergegangenen „edition maioli" erschien zunächst die Gedichtsammlung *Die Entdecker*, die postmoderne Zitier- und Montierlust mit der Suche nach einer eigenständigen poetischen Sprache verknüpfte. Wenig später legte Weinhals einen Band mit Abenteuergeschichten unter dem Titel *Alle Namen der Welt* nach, der seinem eigenen Willen nach allerdings *Die Karte der Schatzinsel* heißen hätte sollen. Weinhals schien mit seiner Fähigkeit, reale und mythologische Figuren aus der populären Heldengeschichte in ein halbdunkel schillerndes, ironisches Licht zu setzen, auf dem Sprung in ein neues literarisches Zeitalter, das wenig später in Autoren wie Christoph Ransmayr, Michael Köhlmeier oder Raoul Schrott konkret Gestalt annehmen sollte. Im Gegensatz zu den Genannten aber blieb Weinhals eine Figur des Übergangs, ein Unzeitgemäßer, der in gewisser Weise zu früh und zu spät zugleich erschienen war.

Der borgesianische Skeptizismus seiner Erzählungen entfaltete einen spröden Sog, aus dem sich keinerlei epische Breite herauswalzen ließ. Weinhals begegnete jeglicher Schwärmer- und Schwelgerei mit distanzierter Ironie und stilistischer Knappheit. In den folgenden Jahren vergrößerte sich der Stau in der Manuskriptlade, während auf dem Konto in schöner Regelmäßigkeit die Stipendienüberweisungen eintrafen. „Ich bin ein Dichter für Jurien", bemerkte er in einem Brief an seinen Freund, den Autor und Hörspielmacher Manfred Mixner, im Jahr 1987 einmal halb verbittert, halb selbstironisch. „Aber Geld ist kein Ersatz für Anerkennung oder kritische Auseinandersetzung."

Dieser bemerkenswerte Zwiespalt setzte sich fort in den Reaktionen auf Weinhals' Verlagseinreichungen: Lob und Anerkennung für seine Manuskripte, gefolgt vom Verweis auf die „Unverkäuflichkeit" seiner Produkte, die sich – aus Sicht der ums Verlagswohl besorgten Lektoren – nicht und nicht dazu entschließen konnten, einen Roman abzugeben. Und das, obwohl Weinhals seinen Themen von Helden, Verrätern und allerhand weiteren romantauglichen Ingredienzien mit abenteuerlicher Konsequenz treu blieb. Nicht weniger treu hing er allerdings auch seiner Kompromisslosigkeit an, und so wurde es nichts mit einem „großen" Wurf, obwohl ihm bedeutende Verleger wie Egon Ammann oder Michael Krüger (Hanser) auf die Schulter klopften, immer verbunden mit dem gut gemeinten Vorwurf, dass man mit den Weinhals'schen Minutenstücken, Prosaminiaturen und Manuskript-Bastarden auf dem Glatteis des Buchmarkts nur auf die Nase fallen könne. „Es ist ein schönes Manuskript, voller Einsichten, die mir sehr nahe sind", schrieb ein bekannter deutscher Verleger an Weinhals, „aber eben auch eines, das sich nur allzu schwer verkaufen lässt."

Weinhals aber schrieb, sammelte, recherchierte und beauftragte sich selbst davon scheinbar unberührt mit immer neuen Projekten. Ein *Fabulierbuch* entstand und fand nach zehnjähriger Odyssee im Jahr 2000 beim Ritter Verlag einen Hafen zur Veröffentlichung. Noch während dieser oft aussichtslos erscheinenden Suche entstand wie von allein ein zweites Fabulierbuch, wiederum eine so produktiv unordentliche Sammlung aus kleinen Stücken, dass der Autor es schon gar nicht mehr auf die Reise schicken wollte. Stattdessen: Arbeit am Mythos, lebenslänglich. Der Odysseus hatte ihn gepackt, noch in jungen Jahren, kaum dreißig war Weinhals da und auf der Reise nach Sizilien, der mutmaßlichen Heimat des undurchschaubaren Umherschweifenden, dessen 20-jähriger Umweg zum Selbst zur existenziellen Formel für jegliche Art des Umherirrens wurde. Mindestens ebenso lang die Weinhals'sche Reise zu Odysseus, oder vielmehr: von ihm weg, um ihn herum, sich nähernd und dann wieder abstoßend von dieser viel zu großen Figur. Die Zeit veränderte alles: den Autor, den Stoff und damit auch die Form oder Formel, für die Odysseus (gerade) steht. Weinhals schreibt: einen Essay über Odysseus als Erzähler in der Odyssee, eine Erzählung über seine Heimkehr, einen tief in ethnologischen Gewässern fischenden Lang-Essay mit dem buchstäblich sperrigen Titel BLÖCKE AUS ODYSSEIA, in dem er sich mit der Schnittmenge zwischen der Odysseus-Figur und dem Schamanentum beschäftigt, außerdem vier wunderschön spröde Odyssee-Gedichte und ein Roman-Fragment mit dem Titel *Olytteus*. Und er sammelt, mit Benjamin'scher Leidenschaft und Blumenberg'scher Akribie, Odyssee-Gedichte der modernen Literatur. Am Ende steht eine mehrere hundert Seiten umfassende unveröffentlichte Anthologie mit dem Titel *Arbeit am Epos*, eines der umfangreichsten Dokumente einer Obsession, die sich vollkommen im Schatten von postmoderner Mythen-Konjunktur und Antike-Euphorie vollzog. Weinhals' tiefschürfende Aneignung des Odysseus entwickelte von Anfang an fächerübergreifende Ausmaße. Der homerische Stoff diente ihm etwa in den 1990er-Jahren als Interpretationsfolie für die kriegerischen Konflikte im ehemaligen Jugoslawien, ohne dass Weinhals dabei in allzu billige Analogien verfallen wäre. Dafür kannte er seinen Odysseus viel zu genau und wusste um seine widersetzliche Vielschichtigkeit.

Weitgehend unbemerkt von den Spähern des literarischen Zeitgeists kultivierte Weinhals wie kaum ein anderer Autor seiner Generation die Form einer poetologischen Prosa in aphoristischem Stilgewand. Diese eigenwilligen Traktate trugen Titel wie „Wort, Ding, Zeichen" oder schlicht „Fragmente", erschienen – wenn überhaupt – in Literaturzeitschriften oder Anthologien und reizten die Möglichkeit, zugleich definitorisch und verspielt zu schreiben, bis zur Schmerzgrenze aus. In diesen Texten findet sich ein Widerhall jener beiden längeren Essays, die seine Publikationen *Lektüre der Wolken* (Gedichte, 1992) und das schon erwähnte *Fabulierbuch* (2000) abschließen. Beide Essays tragen denselben Titel: „Gelegenheiten", ein Verweis auf den Lyrikband *Le occasioni* des italienischen Dichters Eugenio Montale (1896–1981). Diesem Meister der Reduktion fühlte sich Weinhals mehr als nur verbunden, was sich nicht nur in der zitierenden Widmung ausdrückte, sondern auch in dem Essay-Übersetzungsprojekt *Verso Montale*, in dem Weinhals ausgehend von einem konkreten eigenen Übersetzungsversuch tief in die poetische Struktur der Gedichte Montales eintauchte. Eine vergleichbare, wenngleich vielleicht nicht ganz so nahe Verwandtschaft verspürte Weinhals, als er 1998 persönlich auf einen anderen, noch lebenden Nobelpreisträger traf: Im Zuge seiner Teilnahme am internationalen Poesiefestival „Maastricht Poetry Nights" übernahm Weinhals spontan die Aufgabe, die deutschen Übersetzungen einiger Gedichte des schwedischen Lyrikers Tomas Tranströmer vorzutragen – eine Aufgabe, die er in einem Brief an Manfred Mixner als „Genuß" beschrieb.

Weinhals hielt sich in nobler Entfernung von der geselligen Geschäftigkeit des Literaturbetriebs. Verbunden fühlte er sich vor allem seinem Freund Manfred Mixner, selber Autor und Radio-Abteilungsleiter für Literatur und Hörspiel, zunächst in Graz, ab 1983 in Wien und schließlich ab 1987 beim SFB in Berlin. Ein mit kürzeren Unterbrechungen über 20 Jahre durchgehend geführter intensiver Briefwechsel zeugt von der gedanklichen und menschlichen Nähe zweier ebenso interessanter wie produktiver Außenseiter. Zeitweilig verbunden fühlte sich Weinhals auch dem Veranstaltungsraum „Salon" in der Wiener Praterstraße unweit von seiner Wohnung. 1988 vom Schriftsteller und Architekten Bernhard Widder und dem Journalisten Rainer Vesely gegründet, entwickelte sich dieses Atelier zum Treffpunkt von Autorinnen und Autoren, deren Interessen und Vorlieben sich zunächst stark an der amerikanischen Beat Generation orientierten. Auch der 2001 verstorbene Dichter und Performer Christian Loidl brachte dort seine Erfahrungen ein, die er bei seinen Aufenthalten an der „Jack Kerouac School for Disembodied Poetics" in Boulder/Colorado gemacht hatte. Weinhals war oft Gast im Salon und ab 1991 auch regelmäßig mit Lesungen und Präsentationen seiner Publikationen aktiv.

Die Jahre nach dem Erscheinen von *Fabulierbuch* waren bestimmt von wachsender Enttäuschung, einem stillen Rückzug und kontinuierlicher literarischer Arbeit, vor allem an der Anthologie der Odysseus-Gedichte und dem Romanprojekt *Olytteus*. Immer wieder versuchte er, die Veröffentlichung seines *Odysseia*-Essays zu erreichen, und erhielt anerkennende, schließlich jedoch abschlägige Antworten von den Verlagen.

„Alle schrecken sie vor einem Essay zurück", schrieb Weinhals in einem Brief 2003 an Manfred Mixner, „jeder wünscht mir viel Glück, würde ihn gerne gedruckt sehen und dann auch gerne wieder lesen, aber selber drucken: nein." Das allmähliche Verschwinden des Bruno Weinhals aus dem österreichischen Literaturbetrieb vollzog sich – wie bei vielen anderen, ähnlich unterschätzten Kolleginnen und Kollegen – im Stillen: ein tragischer, niemals heimkehrender Odysseus, dem das unerkannte Unterwegssein längst schon zur Existenzform geworden war.

Nachtvogel singt

Über die Beatdichterin und Performerin Ruth Weiss

Die zierliche Dame mit den kurzen roten Haaren und der Bariton-Stimme ist ein Nachtvogel. Das sei sie schon als Kind gewesen, erzählt Ruth Weiss. Gestern habe sie nach der Premiere ihres Stückes *No dancing aloud* im Wiener Künstlerhaus-Theater mit den Mitwirkenden und Freunden bis zum Morgengrauen geredet, geraucht und getrunken. Die persönliche, bohèmehafte Atmosphäre im Künstlerhotel Fürstenhof gegenüber dem Wiener Westbahnhof komme ihr auch deshalb entgegen, weil es Frühstück bis Mittag gebe, was in dieser Stadt eine Seltenheit sei. Ihr Frühstück besteht im Übrigen aus einem kleinen Bier und einer überlangen Zigarette, der während des Gesprächs noch etliche andere folgen und im Aschenbecher verglühen werden. Bald hat sie ihre Müdigkeit abgestreift und springt in ihren Erzählungen nicht nur zwischen Deutsch und Englisch, sondern auch zwischen den Kontinenten und Jahrzehnten hin und her.

Ruth Weiss kam 1928 in Berlin zur Welt und verbrachte dort die ersten fünf Jahre ihres Lebens. Ihr Vater stammte aus Wien und arbeitete von 1923 an als Journalist für eine Nachrichtenagentur in Berlin. Ihre Mutter, die einer wohlhabenden jüdischen Familie aus der Nähe von Zagreb entstammt, lernte er noch in Wien kennen. Ruth war das einzige Kind der Familie, die in der Nähe des heutigen Flughafens Tegel wohnte, eine damals noch sehr ländliche Gegend. Gegenüber dem Wohnhaus lag ein Bauernhof, von dem die Familie Milch bezog. 1933 floh die Familie vor den Nazis nach Wien, wo die Mutter ihres Vaters im neunten Bezirk eine kleine Pension führte. Neben der Herzenswärme der aus Ungarn stammenden Großmutter prägten sich dem Kind vor allem zwei Bilder ein: Da gab es eine Prometheus-Statue in ihrem Wohnhaus, die ihre kindliche Vorstellungskraft beschäftigte. Jahrzehnte später wird sie mit dieser Figur in einen imaginären Dialog treten und ihr die Geschichte ihrer Flucht erzählen. Und da waren die Maronibrater, an denen jeder Spaziergang vorbeiführte: „Ich erinnere mich noch gut an jene Ausflüge mit meinem Vater an nebligen Novembertagen, wo er mir immer eine Tüte mit Maroni kaufte."

Der Einmarsch der Nazis in Österreich im Jahr 1938 raubte ihrer Familie ein zweites Mal die existenzielle Sicherheit. Im Gefolge der November-Pogrome wurde ihr Vater verhaftet, kam aber nach zwei Wochen wieder frei. In aller Eile floh die Familie Richtung Schweiz. In einer regnerischen Novembernacht versuchte sie zusammen mit einer Gruppe von zwanzig jungen Männern von Vorarlberg aus den Rhein zu überqueren. Die Schweizer Grenzbeamten vereitelten die Flucht durch gezielte Warnschüsse über die Köpfe der Gruppe hinweg. In höchster Verzweiflung trat die Familie die Rückreise an. Am Innsbrucker Bahnhof wurden die drei von einer jungen Frau bemerkt, die ihnen verstohlen deutete, ihr zu folgen. Sie lotste sie in ihr Haus, gab ihnen zu essen, richtete ihnen ein Schlaflager. Beim Frühstück am nächsten Morgen saß ihnen der Mann der jungen Frau gegenüber und fragte, wo sie hinwollen. „Nach Wien", antwortete der Vater, in der vagen Hoffnung, dort noch ein Visum für New York zu bekommen. Der Mann nickte und ging fort. Die Frau gab ihnen Geld für die Zugfahrkarte und schickte sie zum Bahnhof. Dort kam ein Beamter in Naziuniform auf sie zu. Als er stumm an ihnen vorbeiging, erkannte Ruth sein Gesicht: Es war der Mann, bei dem sie untergekommen waren. „Ich habe das nie meinen Eltern erzählt", sagt Weiss. „Es gibt so viele Dinge, über die wir nicht geredet haben. Ich bin mir sicher, dass wir nicht die Einzigen waren, denen das Paar geholfen hat."

Zurück in Wien gelang es der Familie, mit dem letzten Zug nach Holland am 31. Dezember 1938 auszureisen. Die meisten ihrer Verwandten wurden in Auschwitz ermordet. Eine traumatische Erfahrung, die Weiss erst viel später verarbeiten wird, als sie beginnt, ihrer Geschichte Worte zu verleihen. Dazwischen liegen die Überfahrt nach Amerika, der Sprung in eine neue Sprache und der Beginn eines Lebens, in dem sich die erzwungene Flucht in ein selbst gewähltes Nomadentum verwandelt. Ruth Weiss lernte Englisch zunächst über das Zuhören – „wie ein kleines Kind". In einer katholischen Privatschule in Chicago, die sie ab 1942 besuchte, erkannte und förderte man ihr Schreibtalent. Eine Nonne namens Eulogia machte sie darauf aufmerksam, dass in ihren Texten nur Landschaften, niemals aber Menschen vorkommen.

Im Chicagoer „Art Circle" entwickelten sich die ersten intensiven Kontakte mit Jazzmusikern. Schon bald klinkte sie sich in die Sessions ein – mit ihrer Stimme und den Texten, die sie zu dieser Zeit schrieb. „Meine Arbeit ist immer aus der Poesie gekommen, auch wenn ich später Theaterstücke geschrieben oder einen Film gemacht habe. Und mit den Jazzern habe ich mich am wohlsten gefühlt, weil ich gefühlt habe, dass meine Poesie eine Art Jazz aus Worten ist." Weiss verließ das raue Chicago Anfang der Fünfziger und begab sich „on the road". Sie landete in North Beach, einem Viertel der Stadt San Francisco, wo sich die Subkultur der Fünfziger versammelte. „Wir hatten da jede Menge Straßenfestivals, bei denen an jeder Ecke jemand mit einem Megafon stand, um seine Gedichte vorzutragen. Einer der wichtigsten Leute der Szene war Bob Kaufman, ein schwarzer Poet, der in Frankreich bekannter war als in den Staaten und den sie dort den ‚schwarzen Rimbaud' nannten. Er gründete eine Zeitschrift namens *Beatitude*, in der einfach alles abgedruckt wurde. Jeder von uns konnte ein paar Exemplare mitnehmen, und mit dem Verkauf finanzierte man sich seine Biere für den Abend." Andere waren in dieser Hinsicht geschäftstüchtiger, allen voran die später so berühmten Beat-Dichter Lawrence Ferlinghetti und Allen Ginsberg. „Ich konnte nie mit Ginsberg", sagt Weiss. „Er hatte ein großes Geschick im Balancieren zwischen Rebellentum und Salonfähigkeit. Er stammte aus der Middle Class, hatte finanzielle Unterstützung, ein Studium und konnte in den Medien gewandt auftreten." Weiss verdiente indes ihren Unterhalt als Kellnerin und Akt-Modell. Tag für Tag pilgerte sie zum Anschlagbrett der Kellnerinnengewerkschaft und holte sich die Angebote für Eintages- und Einspringdienste. Auf diese Weise knüpfte sie Kontakt zu einer Vielzahl unterschiedlichster Menschen, deren Sprech- und Verhaltensweisen sie in ihre Poesie einfließen ließ. Die Arbeit als Modell nützte sie auf ihre Weise: „Ich bin von Natur aus ein eher sprunghafter und unruhiger Geist. Das Stillsitzen hat mir geholfen, eine innere Ruhe zu entwickeln und Konzentration für meine Beobachtungen zu gewinnen."

Das Leben von der Hand in den Mund garantierte ihr eine künstlerische Unabhängigkeit und eine Kompromisslosigkeit im Ausdruck, die sie mit einem anderen Protagonisten der Beat-Ära verband: Jack Kerouac, der der Bewegung in seinem Roman *On the Road* ein Sprichwort gewordenes Denkmal setzte. „Ich mag die Art, wie er in dem Buch die Sprache benützt, obwohl ich die Handlung langweilig finde. Jack selbst war viel interessanter als das, was er schrieb", sagt Weiss. Die beiden unterhielten ein Ritual, das über die Kultur der Beatniks so viel erzählt wie sein Roman: „Eine Zeit lang klopfte er jede Nacht sturzbesoffen an meine Tür. Ich ließ ihn herein, wir tranken gemeinsam, ich mein Bier und er seinen Rotwein. Wir saßen auf dem Boden und schrieben Haikus, bis er nicht mehr konnte, umfiel und auf dem Boden einschlief. Irgendwann im Morgengrauen kam dann noch sein Kumpel Neal Cassady, dessen Verrücktheiten er in seinem Roman unter dem Pseudonym Dean Moriarty verewigte, mit einem gestohlenen Wagen vorbei. Er konnte jedes Auto knacken, aber er tat das nicht, um es zu besitzen, sondern nur, um zu fahren. Wenn das Benzin aus war, ließ er es stehen und klaute sich das nächste. Er schulterte den schlafenden Jack, packte ihn ins Auto, und dann fuhren wir los in den Sonnenaufgang. Es gibt da eine Straße in Frisco, die heißt Lombard Street und führt in Serpentinen einen Hügel hinauf. Jedes Mal, wenn wir da angekommen waren, legte Neal richtig los. Wenn uns da auch nur einmal ein Auto entgegengekommen wäre, wäre ich heute wohl nicht hier."

Ruth Weiss beschreibt die Haltung der Beat-Zeit als Aufmerksamkeit für das, was sie „fluidity" nennt: den Fluss der Ereignisse, mit dem sich ihre Poesie in einem permanenten Austausch befindet. Darin liegt für sie eine spirituelle Dimension, die sie zu erden versucht, indem sie die Wirklichkeit so vorurteilslos wie möglich in ihre Spracharbeit integriert. „Mein liebster Arbeitsplatz ist nach wie vor das Café. Wenn ich dasitze und schreibe, schnappe ich einzelne Sätze und Wörter aus Gesprächen von Nachbartischen auf, die mich wiederum zum Schreiben anregen, weil die Alltagssprache oft viel schneller zum Punkt kommt. Ich bezeichne meine Methode als ‚indirekte Aufmerksamkeit'." Ihre schlanken, zuweilen fast kindlich wirkenden Gedichte atmen genau diesen Geist einer scheinbar ungerichteten und zugleich hypnotisch genauen Aufmerksamkeit. Kein Wort scheint zu viel, und dennoch schillert ein ganzes Universum in Weiss' einfachen Versen.

Just im „Summer of Love" 1967 lernte Ruth Weiss den 17 Jahre jüngeren Maler und Bildhauer Paul Blake kennen und begann mit ihm eine Beziehung, deren Amour-fou-Touch die Basis für eine bis zu Blakes Tod andauernde Liebes- und Schaffensgemeinschaft bildete. In den 1970ern entwickelten sich die beiden als Veranstalter zum Motor von San Franciscos unabhängiger Kunstszene. Ohne einen Cent an Subventionen organisierten sie in North Beach Festivals, die oft eine Woche dauerten und bei denen bis zu 150 Leute auftraten. Aus dieser Initiative entstand Mitte der Siebziger eine wöchentliche Lesereihe in einer Bar. „Da kamen sogar welche aus New York, weil sie so viel Gutes gehört hatten, und wollten unbedingt auftreten. Bald waren wir bei einer Zahl von mehr als 30 Lesenden angelangt. Ich musste die Zeit für jeden Einzelnen auf fünf Minuten begrenzen und versuchte, das Programm möglichst abwechslungsreich zu gestalten, damit sich niemand langweilte."

Eine Einladung zu einem Beat-Kongress in Prag 1998 ermöglichte Weiss einen Abstecher in ihre alte Zweitheimat

Wien. Zunächst war sie nur auf der Suche nach ihrem Wohnhaus im neunten Bezirk, nach der Prometheus-Statue, die sie niemals vergessen konnte. Einer spontanen Einladung der Schule für Dichtung folgte sie bei der Gelegenheit gerne. Statt der versprochenen fünf, sechs Leute kamen über hundert, um den zurückgekehrten Nachtvogel singen zu hören.

Ein neuer Herodot

Über den Schafhirten, Schriftsteller und Ethnographen Hubert Fichte

„Leben, um eine Form der Darstellung zu erreichen" nennt der 1986 verstorbene Schriftsteller Hubert Fichte seinen literarischen Versuch einer „poetischen Lehranalyse". Leben und Schreiben bewegen sich in einer unendlichen Suchbewegung aufeinander zu und verausgaben sich in einer „bis auf die Viertelstunde festgelegten Arbeitsdisziplin". Was er hinterlässt, ist uferlos: Zu den zu Lebzeiten veröffentlichten Büchern gesellt sich posthum ein auf 19 Bände angelegtes Opus magnum, das Romane, Essays, Glossen, Hörspiele und ethnographische Skizzen umfasst. Die Mischung aus großem Wurf und monströsem Fragment beschäftigt die Rezipienten bis heute: Faszinierend, anmaßend, radikal, epochal, indiskret, polemisch – kaum ein Attribut, das als Etikettierung dieser heroischen Schreibleistung nicht gefallen wäre. Es gibt wohl kein vergleichbares Werk, in dem die Auseinandersetzung mit der eigenen, nackten Biographie und der Versuch, die weltumspannenden Zusammenhänge des postkolonialen Zeitalters darzustellen, in eine derart intensive Verbindung treten wie in Fichtes *Geschichte der Empfindlichkeit*.

Hubert Fichte kommt am 26. März 1935 in Perleberg bei Hamburg zur Welt, als uneheliches Kind einer Stenotypistin und eines jüdischen Kaufmanns, der vor der Geburt des Sohnes nach Schweden flieht. Er wird später versuchen, ihn ausfindig zu machen, allerdings ohne Erfolg. Je länger die Herrschaft der Nazis währt, desto schwerer haftet das Stigma des „Halbjuden" an dem Kind. 1942 beschließt seine Mutter, gemeinsam mit dem Sohn vor den Drangsalierungen durch die Nazi-Bürokratie nach Bayern zu fliehen, wo sie seine „Abkunft" besser kaschieren zu können glaubt. Sie findet Arbeit in Schrobenhausen bei Augsburg und gibt den Achtjährigen zur

Betreuung in ein von katholischen Klosterschwestern geleitetes Waisenhaus. Nur an den Wochenenden holt sie ihren Sohn zu sich.

Als protestantisch erzogenes Kind ist Fichte unter den Gleichaltrigen von Anfang an ein Außenseiter; die religiöse Sprache des Katholizismus bleibt ihm fremd und verschlossen. In seinem ersten Roman *Das Waisenhaus* (1965) entwickelt Fichte aus diesen Erfahrungen jene Sprache distanzierter Unmittelbarkeit, die seine Texte auch später tragen wird. Mit dem Protagonisten Detlev schafft er sich darin sein erstes literarisches Double: einen verstört-aufmerksamen Beobachter einer bedrohlichen Umwelt, der an seiner Sensibilität ständig zu zerbrechen droht.

Wie in einem Schockzustand nimmt das Kind wahr, ohne jemals wirklich teilzunehmen. Der inneren Spaltung entspricht die zeitliche Dramaturgie des Romans: Er zeigt Detlev in jenem Moment, in dem er sehnsüchtig die „Befreiung" aus dem Waisenhaus durch seine Mutter erwartet. Die wenigen Minuten bis zu ihrer endgültigen Ankunft wachsen sich zu einer monströsen Rückblende auf jene Demütigungen und Verspottungen aus, die in dem Kind die Fluchtgefühle erzeugen. Wie im Roman geschieht die Rückkehr auch in der Wirklichkeit; jedoch erwartet den Jungen und seine Mutter im kriegsbedingt chaotischen Hamburg die nächtliche Hölle der Bombenkeller.

400.000 Flüge der Royal Air Force, eine Million Bomben auf deutsche Städte, 600.000 Tote, dreieinhalb Millionen Obdachlose: die nüchterne Bilanz des alliierten Luftkriegs gegen Nazideutschland. „Was das in Wahrheit bedeutete, das wissen wir nicht", schreibt der Essayist und Schriftsteller W.G. Sebald in seinem Essay *Luftkrieg und Literatur* (1997). Sebalds Reflexionen entzünden sich an der These, dass ein solches Ausmaß an Zerstörung und Erniedrigung in der Literatur der Nachkriegszeit einen zentralen Platz einnehmen müsste. Seine Recherchen legen allerdings das Gegenteil nahe. Einer der wenigen Autoren, die er als Gegenbeispiel für diese unerhörte Verdrängungsleistung anführt, ist nicht zufällig der „Halbjude" Hubert Fichte. Die ständige Angst vor dem Abtransportiert- beziehungsweise dem Verschüttetwerden hat in dem Kind eine traumatisch sensibilisierte Aufmerksamkeit erzeugt. Im Roman *Detlevs Imitationen ‚Grünspan'* (1971) schafft Fichte ein fragmentarisches Kaleidoskop seiner Erlebnisse während der so genannten „Operation Gomorrha", einer Welle von Luftangriffen der Alliierten auf Hamburg im Hochsommer 1943. Ähnlich wie im *Waisenhaus* lösen sich angesichts der (Todes-)Angst die Grenzen zwischen innen und außen in einen unentwirrbaren Sog aus realen Wahrnehmungen und imaginären Bedrohungsbildern auf: „Jetzt knallt es, daß Opa doch gleich vom Stuhl rutscht. Hamburg wird immer größer. Die Innenstadt. Der Hafen. Immer noch ein Stadtteil, der bombardiert werden kann. Oma fängt an, persönlich mit dem lieben Gott zu reden. Jetzt fällt es runter über uns und dann schlägt es ein und die Mauern brechen auseinander und Opa fliegt gegen die Wand und die Lunge hängt ihm aus dem Mund und mein Darm hängt ins Siel und es tut lange ziemlich weh, bis der Herr uns zu sich nimmt in sein Reich und die Herrlichkeit in Ewigkeit Amen."

Fichte konfrontiert die literarische Verarbeitung der persönlichen Erfahrungen mit dokumentarischen Textelementen. So finden sich Ausschnitte aus einem Werk über mumifizierte Leichen aus den Luftschutzkellern, die von KZ-Häftlingen und Kriegsgefangenen entsorgt werden mussten: „Köpfe oder Extremitäten konnten je nach der Trockenheit der Gelenkverbindungen vielfach mühelos abgebrochen werden, sofern sie überhaupt noch im Laufe der Bergung und des Transportes den Zusammenhang mit dem Körper bewahrt hatten. Insoweit die Körperhöhlen nicht schon durch Zerstörung der Decken frei vorlagen, bedurfte es der Knochenschere oder der Säge, um die erhärtete Haut zu durchtrennen." Die hilflose Nüchternheit dieser Sätze mutiert im Roman zu einem notwendigen Widerstand für das persönliche Erinnern. Der Einbau von Splittern einer „fremden", nichtliterarischen Sprache bildet ein wichtiges Moment der Öffnung in Fichtes Schreiben. Den Impuls für diese Technik bezieht er aus dem Genre des Radiofeatures, dem er sich wie viele Nachkriegsautoren widmet, um seinen Lebensunterhalt zu verdienen.

Das Kriegsende bringt zunächst Arbeitslosigkeit für die Mutter und Aussichtslosigkeit für den Sohn. Die Verzweiflung löst sich erst, als die Mutter beginnt, als Souffleuse und Schauspielerin zu arbeiten. In ihrem Sog kann sich auch Fichte als Jugendschauspieler am Hamburger Thalia-Theater und am Schauspielhaus etablieren. Die dabei erlebten Augenblicke zwischen Selbstauf- und -preisgabe formen in ihm nicht nur den Wunsch, die Darstellerei zum Beruf zu machen, sondern bewegen ihn auch zum Verfassen eigener Texte. 1949 macht Fichte eine ebenso kuriose wie prägende Bekanntschaft: In seiner Schule taucht ein Bekannter des Direktors auf, der sich als Hormonforscher bezeichnet und nach jungen männlichen Versuchspersonen sucht. Sein Name: Hanns Henny Jahnn, Orgelbauer, Schriftsteller und schwieriger Einzelgänger. Sein Hauptwerk: *Fluß ohne Ufer*, ein monströser Sprachstrom, bis heute mehr gelobt als gelesen. Jahnn nimmt den Jungen zu sich mit und bittet ihn um eine Harnprobe, anhand der er, wie er behauptet, seine sexuelle Identität hormonell feststellen könne.

Fichte gestaltet die Bekanntgabe des Untersuchungsergebnisses in dem Roman *Versuch über die Pubertät* (1974) zu einem verwirrt-koketten Bekenntnis seines sexuell-existenziellen Zwischenzustands: „Du bist fiftyfifty! Fifty androgen und fifty östrogen. Fiftyfifty! Eine Tunte! Ein Warmer! Ein Huch-Nein! Eine Triene! Eine Schwuchtel! Ein Arschficker! Ich bin ein Mischling ersten Grades, ein uneheliches Kind und auch noch schwul – das ist übertrieben. Mir schneiden sie notfalls die Klüten ab und brennen mir mit einer Stricknadel das Sexualzentrum aus dem Hirn! Niemand darf es wissen, sonst rennen die Kinder auf der Straße hinter mir her und schreiben es mit Kreide an die Häuserwand."

Im Schutz von Jahnns väterlicher Freundschaft lässt Fichte sich auf seine ersten erotischen Abenteuer mit Gleichaltrigen ein; zusätzlich wird er von ihm in seinen literarischen Bemühungen unterstützt. Jahnn ist es auch, der den Jungen 1952 dazu verleitet, nach Frankreich zu gehen. Ausgestattet mit einem Reisestipendium der französischen Regierung und den kundigen Hinweisen des Mentors, begibt sich Fichte auf eine mehrmonatige Vagabundenreise. Die zeitweilige Arbeit als Schafhirt auf einem provenzalischen Bauernhof begeistert ihn so, dass er bei seiner Rückkehr nach Deutschland beschließt, ein Landwirtschaftsstudium aufzunehmen. Noch während seiner Ausbildung beginnt er, literarische Texte zu publizieren.

Ein Praktikum an einem anthroposophischen Hof für schwer erziehbare Kinder in Schweden wird für ihn zur Zäsur in der Auseinandersetzung mit seinen Eltern: Einerseits gelingt es ihm nicht, die Spur seines geflohenen Vaters aufzunehmen; andererseits markiert sein Scheitern in der Erziehungseinrichtung auch die endgültige Emanzipation von den Lebens- und Wertvorstellungen seiner anthroposophisch geprägten Mutter. Zurück in Hamburg, beschließt er zu Beginn der Sechziger, als freier Schriftsteller zu leben. Die Begegnung mit der Fotografin Leonore Mau unterstützt ihn in seiner Entscheidung. Zwischen ihm und der fast zwanzig Jahre älteren Frau entwickelt sich eine Liebes- und Arbeitsbeziehung. Als Fichte Leonore Mau Anfang der Fünfziger zum ersten Mal trifft, ist sie noch mit einem Architekten verheiratet und bereits zweifache Mutter. Zehn Jahre später verlässt sie ihre Familie, um mit Fichte in eine Wohngemeinschaft zu ziehen. Seit den Fünfzigern konzentriert sich Mau in ihrer Arbeit auf das Genre der Bildreportage. Ihr dokumentarisches Interesse an der Wirklichkeit beeinflusst Fichte auch in seiner Arbeit als Schriftsteller. Eine der ersten gemeinsamen Stationen bildet das Literarische Colloquium am Wannsee in Westberlin. Unter der Leitung des Germanisten Walter Höllerer und des aus dem amerikanischen Exil zurückgekehrten Schriftstellers Walter Hasenclever formiert sich dort mithilfe der finanziellen Unterstützung der Ford Foundation Anfang der Sechziger ein Epizentrum literarischer Produktion.

Zur intensiven Betreuung des Nachwuchses wird eine „Werkstatt Prosaschreiben" eingerichtet, die es jungen Autoren ermöglichen soll, über einen längeren Zeitraum an ihren ersten größeren Romanprojekten zu arbeiten und diese im Kreis der Kollegen und Tutoren zur Diskussion zu stellen. „Der Hubert war der Einzige von den Teilnehmern, der schon bekannt und mit einem gewissen Selbstvertrauen ausgestattet war", erinnerte sich die Wiener Schriftstellerin Elfriede Gerstl, die das Werkstattprogramm im Jahr 1964 gemeinsam mit Fichte besuchte, in einem persönlichen Gespräch. „Ich hatte überhaupt keine Erfahrung mit so einer Situation und war als experimentelle Autorin in der Gruppe komplett isoliert, eine stumme Fremde. Fichte ist der Einzige gewesen, der auf mich zugegangen ist und sich in den Gruppendiskussionen getraut hat, mich zu verteidigen – und selbst so dominanten Rednern wie Günter Grass zu widersprechen."

Fichtes Solidaritätsprinzip beschränkt sich nicht auf seine Künstlerkollegen, sondern dehnt sich auf jene Subkultur aus, zu der er aufgrund seiner sexuellen Neigungen in unmittelbarem Kontakt steht: Am Strich und in den Kneipen von St. Pauli, dem Hamburger Sperrbezirk, findet er Mitte der 1960er-Jahre den Schauplatz seines erfolgreichsten Romans. Ein heruntergekommenes Kellerlokal namens *Palette* (1968) ist der titelgebende Ort seiner Auseinandersetzung mit jener Halbwelt aus Transsexuellen, Obdachlosen, Huren und Kleinkriminellen, in der er seine Suche nach der Wirklichkeit fortsetzt.

Nicht zuletzt die lebendige Dokumentation des Kneipen- und Strichjargons macht das Buch zu einem großen Erfolg und zum ersten Poproman der deutschen Literatur. Fichte hat mit seiner beatartigen Prosa einen Ton getroffen, mit dem sich eine im Aufruhr befindliche Generation identifiziert, ohne vor der radikalen Subjektivität des Textes zurückzuschrecken. Das Geld aus den Bucheinnahmen ermöglicht es dem Schriftsteller und der Fotografin, ihre Reisetätigkeit zu intensivieren. Zum ersten Mal verlassen sie gemeinsam Europa und bereisen zunächst Ägypten, anschließend geht es für fast ein ganzes Jahr nach Brasilien. Die Begegnung mit den dortigen synkretistischen Kulten der Nachfahren afrikanischer Sklaven verändert Fichtes Forschungsinteresse. In den Riten des Candomblé mischen sich westafrikanische Gottheiten und Rituale mit Einflüssen aus dem Christentum und solchen der indigenen Religionen. Fichte erkennt bald die politische Tragweite dieser Praktiken. In den folgenden Jahren betreibt er zusammen mit Leonore Mau auf diesem Gebiet Feldforschung, indem er Daten über Heilpflanzen, Gottheiten und Trancepraktiken sammelt. Durch die Interviews mit den Priesterinnen und Heilern wird ihm bewusst, in welchem Ausmaß dieses „wilde Denken" jahrhundertealtes Wissen und Erfahrungen enthält. Mit immer größerer Beharrlichkeit konfrontiert er Staatsmänner wie Chiles Salvador Allende, den Dichter und senegalesischen Staatspräsidenten Léopold Senghor oder Tansanias Staatspräsidenten Julius Nyerere in Interviews mit möglichen Perspektiven eines solchen „dritten Weges".

Die in seiner Arbeit immer zentraler werdenden Methoden des Interviews und des Features verändern auch sein schriftstellerisches Selbstverständnis. Er bezeichnet sich als „lyrischer Reporter" und nennt seine Arbeitsweise eine „poetische Anthropologie". Größter Gewährsmann ist ihm dabei der antike Autor Herodot (geb. 485 v. Chr.), dessen Werk *Historien* eine erste umfangreiche vergleichende Erzählung der Lebenswirklichkeiten aller Kulturen der hellenistischen Welt darstellt. Auch der polnische Journalist Ryszard Kapuscinski bezeichnet ihn in seinem Buch *Meine Reisen mit Herodot* (2005) als den Erfinder der Reportage: „Herodot wandert durch die Welt, er trifft Menschen und hört zu, was sie erzählen. Sie sagen ihm, wer sie sind, sie erzählen ihre Geschichte. Dieses Wissen hat die Form von Erzählungen."

Fichte formuliert eine fundamentale Kritik an der Indifferenz der Ethnologie gegenüber der Sprache: „Die Verachtung des Sprachlichen geht so weit, dass es Forscher gibt, die, ohne auch nur Portugiesisch zu sprechen, über den brasilianischen

Synkretismus arbeiten, die von afrikanischen Geisteskranken publizieren, ohne eine afrikanische Sprache zu beherrschen." In einem Interview bezeichnet Hubert Fichte einmal die Füße als „wichtigsten Körperteil im Leben eines bisexuellen Ethnologen". Im Unterwegssein verbinden sich die gesammelten Geschichten wie von selbst zu jenem „Netz von Beziehungen", das der Schriftsteller in seinen Texten erzeugen möchte. „On the road" entstehen seit den frühen Siebzigern auch Konzept und Material für seinen *roman fleuve*, die auf 19 Bände konzipierte *Geschichte der Empfindlichkeit*. Zum einen soll dieses Werk „die sexuelle Entwicklung eines Mannes darstellen, das empfindlich Kaputtgehämmerte durch Sexualität". Andererseits treibt seine manische Arbeit an dem Projekt die Vermutung an, „daß es in der afroamerikanischen Kultur ein System des Psychischen gibt, das älter ist als das unsere und vielleicht besser funktioniert, denn schließlich hat es die Afrikaner die Greuel der Versklavung überstehen lassen". Die Gleichzeitigkeit der Bewegung noch tiefer in die Grundlagen der eigenen Existenz hinein und über sie hinaus in etwas völlig Fremdes bestimmt seine Arbeit bis zu seinem Tod 1986. Über 15 Jahre scheidet sich sein Schreiben in einen sichtbaren und einen unsichtbaren Teil: Gemeinsam mit Leonore Mau publiziert er beeindruckende Text-Bild-Bände über ihre Forschungsreisen in die afrokaribische Kultur und verdient sich seinen Lebensunterhalt mit Features und Zeitungsbeiträgen. Im Schatten dieser Arbeiten entstehen die Romane, Glossen, Essays, Interviews und Berichte, deren Veröffentlichung er nicht mehr erleben wird.

Im Labyrinth des Professors

Zum Nachlass des Germanisten Wendelin Schmidt-Dengler

Ein karierter Block aus den 1980er-Jahren. Die ersten Seiten voll mit hieroglyphischem Gekrakel. Kleinere verstreute Zettel mit kaum leserlichen Notizen. Schreibhefte und anderes, dazwischen ein Medikamentenbeipackzettel, leicht mit blutähnlicher Farbe beschmiert. Inmitten des Konvoluts ein kleinformatiges Buch: Bernt Burchhardt, *Orte des Absterbens – Lose Blätter*, erschienen 1987 im Wiener Löcker-Verlag. Fundort: der Nachlass des im September 2008 verstorbenen Germanisten Wendelin Schmidt-Dengler. Zunächst kein weiterer Hinweis darauf, wie Schmidt-Dengler in den Besitz dieses Konvoluts kam und warum er es unter seinen zahlreichen Materialien verwahrte. Ein kleines Rätsel, wie so manches an diesem Nachlass, der an Umfang und Vielschichtigkeit ohnedies nicht wenig zu bieten hat, was sich auf den zweiten Blick wohl leichter erklären lässt als die Provenienz des Konvoluts „Burchhardt".

Wendelin Schmidt-Denglers Nachlass war dem Literaturarchiv an der Österreichischen Nationalbibliothek im Jahr 2009 von seiner Witwe Maria in Form einer Schenkung überlassen worden, verbunden mit der Auflage eines eigenständigen Projekts zur systematischen Aufarbeitung. 65 Pappschachteln mit jeweils mehreren tausend Blatt Papier umfasste die Erstaufnahme des Bestands. Sämtliche Vorlesungsmanuskripte von 1974 bis 2008 sowie alle Aufsätze und Rezensionen, die Schmidt-Dengler für Tagungen, Sammelbände, Print- und Hörfunkmedien verfasste, bilden den inhaltlichen Kern des Nachlasses. Kaum weniger bedeutend und umfangreich nehmen sich das Material zur universitären Tätigkeit (Lehre, Verwaltung), die Unterlagen zu seinen Forschungsprojekten und die Sammlungen zu jenen Vereinen und Gesellschaften aus, in denen Schmidt-Dengler als Mitglied aktiv partizipierte. Nicht zu schweigen von der schier uferlosen Korrespondenz, die weit mehr als 10.000 Briefe umfasst. Darunter findet sich gewiss viel „daily business": routinierte Kommunikationen eines vielseitig Organisierten, dennoch kaum zu vernachlässigen im Hinblick auf eine umfassende Einschätzung der konkreten Tätigkeitsfelder des vielseitigen Gelehrten.

Was die Aufgabe der Systematisierung betraf, war ich von Anfang an mit einer komplexen Mischung aus Ordnung und Chaos konfrontiert, die eine endgültige Ablage gleichzeitig erleichterte und erschwerte. Die Schriften und die Korrespondenz waren durchzogen von zu unterschiedlichen Zeiten angelegten annualen, alphabetischen und inhaltlichen Systematiken. Mehr als einmal musste ich deshalb in der Folge die Leiter umstoßen, die ich gerade eben erklommen hatte. Wendelin Schmidt-Denglers Nachlass ist der erste große Gelehrtennachlass, den das von ihm selbst mitbegründete und seit 1996 geleitete Literaturarchiv erworben hat. Für die systematische Ablage existieren festgelegte Regeln der Nachlassarchivierung, die von den deutschsprachigen Literaturarchiven in einem Prozess gemeinsamer Reflexion entwickelt wurden. Die daraus hervorgegangene Unterteilung in vier Bereiche (Werke, Korrespondenz, Lebensdokumente, Sammlungen) liegt jedoch teilweise im Widerstreit mit einer Erfahrung, die zum Grundrepertoire der archivarischen Praxis gehört: „Jeder Nachlass ist anders und folgt seiner eigenen Logik", hörte ich gleich zu Beginn aus den Mündern mehrerer Archivmitarbeiter. Und so besteht der Prozess des Archivierens aus einem fortwährenden Balancieren zwischen Vorgaben und Abweichungen.

Am schwierigsten gestaltete sich der Versuch, möglichst eindeutig zwischen den Sphären zu unterscheiden, in denen sich Wendelin Schmidt-Dengler professionell bewegte. Zu seiner akademischen Kernwelt des Wiener Instituts für Germanistik, an dem er seit 1966 (zunächst als Assistent, später als Dozent und schließlich als Professor) tätig war, gesellte sich bald eine Fülle trabantenförmiger Gegen- und Halbwelten, die sich in der einen oder anderen Form mit der Produktion, Präsentation, Aufarbeitung oder Vermittlung literarischer Texte beschäftigten: Vereine und Gesellschaften, die sich um die Erforschung und Herausgabe der Werke einzelner Autoren bemühten (Heimito von Doderer, Thomas Bernhard, Albert Drach); fachspezifische Interessenverbände (Internationale Vereinigung für Germanistik; Österreichische Gesellschaft für Germanistik, Grazer Autoren Autorinnenversammlung); außeruniversitäre Institutionen des literarischen Lebens (Dokumentationsstelle für neuere österreichische Literatur, Literaturarchiv); last, but not least die informelle, zwischen sämtlichen Institutionen angesiedelte Kommunikationsleistung Wendelin Schmidt-Denglers: Wie kaum ein anderer Vertreter seines Fachs pflegte er persönliche Beziehungen zu zeitgenössischen Autorinnen und Autoren und schuf durch zahlreiche Vorträge und mediale Auftritte ein Bewusstsein für die gesellschaftliche Relevanz von Geisteswissenschaft im Allgemeinen und Literatur im Besonderen. In all diesen Kontexten war Schmidt-Dengler immer Schmidt-Dengler – welcher institutionellen Rolle aber sollte man die einzelnen Dokumente konkret zurechnen? Oft schienen sich in einem einzigen Brief zwei oder drei verschiedene Sphären miteinander zu verbinden. Wendelin Schmidt-Denglers Nachlass gleicht ein wenig einem Bild des Malers M. C. Escher. Die Verbindungen zwischen den einzelnen Ebenen sind so vielschichtig, dass man ein Oben und Unten, Vorn und Hinten oft vergeblich sucht. In gewisser Weise existiert alles zugleich und entgleitet einem dennoch gerade in dem Augenblick, in dem man so etwas wie einen Ariadnefaden in der Hand zu haben glaubt. Und an mehr als einer Stelle war die Verführung zu verweilen denkbar groß, weil sich mit jedem abzulegenden Schriftstück ein neuer Mikrokosmos aufzutun schien. Allein: Dieser Verführung muss der Archivar trotzen, weil er das Labyrinth ja zunächst ordnen, begehbar machen und nicht gleich in sämtliche seiner geheimnisvollen Winkel hinein erkunden soll. Schmidt-Denglers Multiaktivismus ist legendär bis ins Anekdotische, sein Nachlass der Indizienberg für eine geisteswissenschaftliche Biografie, die man aus naturwissenschaftlicher Perspektive wohl als Emergenzphänomen bezeichnen würde. Seine geistige Tätigkeit hat sich nicht bloß in Vorlesungsskripten, Aufsätzen, Kritiken und Editionen vergegenständlicht, sondern auch in institutionellen Gründungen bzw. Transformationen. Im Nachlass verbirgt sich beispielsweise auch die komplizierte Vorgeschichte der Gründung des Literaturarchivs, und zwar in Form von Protokollen und Korrespondenzen eines österreichweiten Sonderforschungsprojekts zur Sichtung und Aufarbeitung literarischer Nachlässe aus den 1980er-Jahren. Über solche Dokumente ließe sich Schmidt-Denglers Rolle bei der Entwicklung dieser und anderer Institutionen erschließen. Keine dieser Initiativen hätte es ohne ihn gegeben, und dennoch handelt es sich dabei nicht um die Gründungen eines omnipotenten Titanen. Schmidt-Denglers Verdienst war es, im Verbund mit anderen die institutionellen Spielräume systematisch zu erweitern. Zeit seines Berufslebens bewegt er sich – wie es der französische Wissenschaftstheoretiker Bruno Latour formulieren würde – als Akteur in einem Netzwerk aus Interessen, Einflüssen, Institutionen und anderen Akteuren.

Insofern ist die systematische Ablage seines Nachlasses nur ein erster Schritt in Richtung einer inhaltlichen Erschließung des Materials, in dem sich das Entstehen und die Veränderungen im literarischen Feld samt seiner formellen und informellen Institutionen der vergangenen 40 Jahre dokumentieren. Und zudem eine Fundgrube für Kuriositäten, in denen Literaturgeschichte sich auf ihre konkreten Momente des Entstehens zurückführen lässt. Unter dem Titel *Krimis aus dem Hörsaal* etwa findet sich ein Konvolut, das Schmidt-Dengler von seinem Salzburger Fachkollegen Karlheinz Rossbacher 1982 zugeschickt wurde. Dieser hatte unter seinen Studierenden einen Kurs in praktischem Schreiben ausgelobt – mit dem Auftrag, kleine Kriminalerzählungen selbst zu verfassen. Unter den ausgewählten Zusendungen findet sich unter anderem ein 14-seitiges Manuskript mit dem Titel *Sieg* eines gewissen, damals 22-jährigen Salzburger Studenten namens Wolf Haas. Der spä-

141

tere Erfinder des Detektivs Simon Brenner zeigt sich in diesem Frühwerk noch stark von Thomas Bernhard beeinflusst, entwickelt jedoch in der Hauptszene des Textes, die im Lehener Stadion während eines Meisterschaftsspiels zwischen dem GAK und der altehrwürdigen Austria Salzburg angesiedelt ist, bereits einen Vorgeschmack jenes narrativen Sogs, der für seine Brenner-Krimis so kennzeichnend sein wird. Mit Akribie sammelte Schmidt-Dengler auch die Druckwerke der organisierten linken Studierendengruppen der 1970er- und 1980er-Jahre – allen voran die von einem gewissen Dr. Franz Schuh herausgegebene *Zeitschrift für intellektuelle und emotionale Opposition*, in dem sich neben Polemiken gegen die Professorenschaft auch frühe lyrische Versuche des Kommilitonen Robert Menasse finden; Seite an Seite mit Pamphleten des vagabundierenden Dichters Hermann Schürrer oder des radikalen Marxisten Jacques Mayer, mit dem sich Schmidt-Dengler in den 1980ern im Rahmen seiner Vorlesungen im Audi-Max polemische Schlagabtäusche lieferte.

Erwähnt werden sollen neben den spektakulären Funden auch die stilleren, nicht weniger signifikanten: etwa Schmidt-Denglers Einsatz für Schriftsteller, die nicht im Zentrum der literarischen Aufmerksamkeit standen und stehen. Auskunft darüber gibt nicht zuletzt sein Briefwechsel mit Autoren wie Reinhold Aumaier oder dem fast vergessenen oberösterreichischen Autor Hermann Obermüller, der 1982 im deutschen Verlag Kiepenheuer & Witsch unter dem Titel *Ein verlorener Sohn* ein vielversprechendes Debüt geliefert hatte, dem leider kein weiteres Werk mehr folgte.

Was aber hat es mit dem Konvolut „Burchhardt" auf sich? Der Publizist Robert Sommer, Mitbegründer der Wiener Straßenzeitung *Augustin*, gibt in seinem Buch *Wie bleibt der Rand am Rand* (2012) biografische Auskünfte über den vor wenigen Jahren im Alter von 62 Jahren verstorbenen Schriftsteller: „Bernt Burchhardt wurde Nachrichtensprecher im ORF-Mittagsjournal und wechselte 1971 zur legendären Ö3-Musicbox. 1973 wurde er wegen eines Kommentars über den

Konflikt zwischen Bruno Kreisky und Günther Nenning von Alfons Dalma rausgeschmissen, 1975 erhielt er im ORF Hausverbot." Burchhardt gründete in der Folge mit Gerhard Jaschke und Hermann Schürrer die Literaturzeitschrift *Freibord*. Er schlitterte allmählich in psychotische Zustände und hatte körperlich mit den Folgen seiner Drogensucht zu kämpfen. Ab 1983 lebte er auf der Straße. Im zu Beginn dieses Textes erwähnten Buch *Lose Blätter* verarbeitete Burchhardt seine Erfahrungen in der Psychiatrie. Kurz nach der Präsentation des Buches ermordete Burchhardt in einem psychotischen Schub den Nachtportier des Klagenfurter Hotels Mondschein. Wer bei diesem Namen an den Prosatext *Hotel Mordschein* des 2011 verstorbenen Kärntner Schriftstellers Werner Kofler denkt, liegt richtig: Burchhardts Tat bildete den Ausgangspunkt für Koflers wilde Litanei.

Wendelin Schmidt-Dengler wiederum kannte Burchhardt noch viel länger: Dieser war ein Schulkollege zu Gymnasialzeiten und tauchte in den 1980ern mehrmals beim Professor auf, und zwar mit der mehr oder weniger dringlich vorgetragenen Bitte um finanzielle Unterstützung, die Schmidt-Dengler ihm zuweilen auch gewährte. Zudem machte sich Burchhardt auch als Verfasser von literarischen Texten vorstellig und bat Schmidt-Dengler um Förderung. Auf diesem Weg dürfte auch das im Nachlass befindliche Konvolut übergeben worden sein.

Auch wenn es sich beim Konvolut Burchhardt um eine Marginalie im labyrinthischen Schmidt-Dengler-Universum handelt: Die Tatsache seiner Aufbewahrung durch den vielbeschäftigten und vielbestürmten Professor verrät einiges über die Verzahnung von Zentrum und Peripherie, die Schmidt-Dengler als „Vorleser der Nation" etablierte. Er konnte bei weitem nicht alle Fäden, die bei ihm zusammenliefen, verfolgen oder zusammenhalten. Nicht weniges jedoch von dem Geflecht an losen und strikten Knoten, das um seine Person herum entstand, macht der Nachlass auf bemerkenswerte Weise sichtbar.

Die an verstreuten Orten erschienenen Essays wurden für die vorliegende Ausgabe zum Teil erheblich überarbeitet.

Textnachweise:

Wie verrückt? In: *Der Standard*, 2.6.2012
Schmäh, Witz, Humor und tiefere Bedeutung. In: *Schmäh als ästhetische Strategie der Wiener Avantgarden.* Hrsg. v. Irene Suchy. Bibliothek der Provinz 2015.
„i'd rather be a saxophone". In: *Etudes Germaniques.* Klingsieck 2014.
Virtuosität und Extremismus. Vortragsmanuskript, geh. bei der Silvestertagung der Evangelischen Akademie Tutzing 2014.
Cogitos Fallstricke. In: *Die Rampe*, Sondernummer Anselm Glück 3/2015.
„Das Leben indes macht ohne große Sprüche weiter". In: *Die Rampe*, Sondernummer Erwin Einzinger 3/2014.
Performance – Pattern – Improvisation. In: *Facetten.* Literarisches Jahrbuch der Stadt Linz 2017.
Frühe Wunden. Vortragsmanuskript, geh. beim Symposium „Alfred Kolleritsch – manuskripte", 22./23.9.2013
Die Schwerelosigkeit der Sprache. In: *Wespennest* 173/2017
Nachspiel im Morgengrauen. In: *Sex in Wien. Lust Kontrolle Ungehorsam.* Katalog zur Ausstellung im Wien Museum 2016, Hrsg. v. Andreas Brunner, Frauke Kreutler, Michaela Lindinger, Gerhard Milchram, Martina Nußbaumer, Hannes Sulzenbacher.
Der Geschmack der Erinnerung. In: *Österreich in Geschichte und Literatur* / Hrsg. Institut für Österreichkunde, 2011.
„Beim Schreiben die Macht ablegen". In: *Chamisso Magazin* 2012.
Fabulierlust, gepaart mit Skepsis. In: *Literatur und Kritik*, März 2014.
Nachtvogel singt. In: *Datum*, Jänner 2007.
Ein neuer Herodot. In: *Datum*, April 2006.
Im Labyrinth des Professors. In: *Der Dichter und sein Germanist. In Memoriam Wendelin Schmidt-Dengler.* Hrgs. v. Stephan Kurz, Michael Rohrwasser, Daniela Strigl. Wien, nap 2012.